潮州文化丛书·第一辑

潮商学引论

《潮州文化丛书》编纂委员会 编

李闻海 隗芾 编著

SPM 南方出版传媒 广东人民出版社
·广州·

图书在版编目（CIP）数据

潮商学引论 / 李闻海，隗芾编著. —广州：广东人民出版社，2021.7
（潮州文化丛书·第一辑）
ISBN 978-7-218-14802-1

Ⅰ.①潮⋯　Ⅱ.①李⋯ ②隗⋯　Ⅲ.①商业史—研究—潮州　Ⅳ.①F729

中国版本图书馆CIP数据核字（2020）第257660号

封面题字：汪德龙

CHAOSHANGXUE YINLUN

潮商学引论

李闻海　隗芾　编著　　　　　　　　　版权所有　翻印必究

出　版　人：肖风华

出版统筹： 卢雪华
责任编辑： 廖智聪
封面设计： 书窗设计工作室
版式设计： 友间文化
责任技编： 吴彦斌　周星奎

出版发行：广东人民出版社
地　　址：广州市海珠区新港西路204号2号楼（邮政编码：510300）
电　　话：（020）85716809（总编室）
传　　真：（020）85716872
网　　址：http://www.gdpph.com
印　　刷：广州市人杰彩印厂
开　　本：787mm×1092mm　1/16
印　　张：13.25　　字　　数：130千
版　　次：2021年7月第1版
印　　次：2021年7月第1次印刷
定　　价：68.00元

如发现印装质量问题，影响阅读，请与出版社（020-85716849）联系调换。
售书热线：020-85716826

《潮州文化丛书》编纂委员会

主　任： 李雅林　何晓军
副主任： 余鸿纯　王文森　李克俭
委　员： 王剑锋　伍　茸　程小宏　李雪君
　　　　　江俊英　陈远程　詹树荣
顾　问： 陈平原　林伦伦　曾楚楠

编辑部

主　编： 王文森
副主编： 王剑锋
成　员： 蔡晓玲　王锡霖　廖泽远　陈晓婷

总序

坚定文化自信
打造沿海经济带上的特色精品城市

◎ 李雅林

　　文化是民族的血脉，是人民的精神家园。2020年10月12日，习近平总书记视察潮州，指出："潮州是一座有着悠久历史的文化名城，潮州文化是岭南文化的重要组成部分，是中华文化的重要支脉。"千百年来，这座古城一直是历代郡、州、路、府治所，是古代海上丝绸之路的重要节点，是世界潮人根祖地和精神家园。它文化底蕴深厚，历史遗存众多，民间艺术灿烂多姿，古城风貌保留完整，虽历经岁月变迁王朝更迭，至今仍浓缩凝聚历朝文脉而未绝，特别是以潮州府城为中心的众多文化印记，诉说着潮州悠久的历史文化，刻录下潮州的发展变迁，彰显了潮州的文明进步。

　　灿烂的岁月，簇拥着古城潮州进入一个新的历史发展时期。改革大潮使历史的航船驶向一个更加辉煌的世纪。习近平总书记强调，文化自信是更基础、更广泛、更深厚的自信，是更基本、更深沉、更持久的力量。坚定中国特色社会主义道路自信、理论自信、制度自信，说到底是要坚定文化自信。党的十九大向全党全国人民发出了"坚定文化自信，推动社会主义文化繁荣兴盛"的伟大号召，开启了新时代中国走向社会主义文化强国的新征程。潮州市委、市政府认真按照省委"1+1+9"工作部署和关于"打造沿海经济带上的特色精品城市"的发展定位，趁势而为，坚持走"特、精、融"发展之路，突出潮州的优势和特点，把文化建设放在经济社会发展的重要位置，加强文化建设规划，加大文化事业投入，激活潮州文化传承创新"一池春水"，增强潮州城市文化软实力和综合竞争力，推动潮州文化大繁荣大发展，为经济社会发展提供坚实的文化支撑。

历史沉淀了文化，文化丰富了历史。为进一步擦亮"国家历史文化名城"这张城市名片，打造潮州民间工艺的"硅谷"和粤东文化高地，以"潮州文化"IP引领高品质生活新潮流，在全省乃至全国范围内形成一道独特而亮丽的潮州文化风景线，2019年，潮州市印发了《关于进一步推动潮州文化繁荣发展的意见》。2020年开始，中共潮州市委宣传部启动编撰《潮州文化丛书》这一大型文化工程，对潮州文化进行一次全方位的梳理和归集，旨在以推出系列丛书的方式来记录潮州重要的历史人物事件和优秀民间文化，让潮州沉甸甸的历史文化得到更好的传承和弘扬。这不仅为宣传弘扬潮州文化提供了很好的载体，也是贯彻落实习近平新时代中国特色社会主义思想和党的十九大精神的一个有力践行，是全面开展文化创造活动、推动潮州地域文化建设与发展的一件大事和喜事。

文化定义着城市的未来。编撰《潮州文化丛书》是一项长期的文化工程，对促进潮州经济、社会、政治、文化建设具有积极的现实意义和深远的历史意义。作为一部集思想性、科学性、资料性、可读性为一体的"百科全书"，内容涵括潮州工艺美术、潮商文化、宗教信仰、饮食文化、经济金融、赏玩器具、民俗文化、文学风采和名胜风光等等，可谓荟萃众美，雅俗共赏。这套丛书的出版，既是潮州作为历史文化名城的生动缩影，又是潮州对外展现城市形象最直观的窗口。

"千古文化留遗韵，延续才情展新风"。《潮州文化丛书》的编撰出版，是对潮州文化的系统总结和传统文化的大展示大检阅，是对潮州文化研究和传统文化教育的重要探索和贡献。习近平总书记对潮州文化在岭南文化和中华文化体系中的地位给予的高度肯定，更加坚定了我们的文化自信，为进一步推动潮州文化事业高质量发展提供了根本遵循。希望全市宣传文化部门能以《潮州文化丛书》的编撰出版为契机，牢记习近平总书记的谆谆教导和殷切期望，乘势而上，起而行之，进一步落实市委"1+5+2"工作部署，积极融入"粤港澳大湾区"建设，围绕"一核一带一区"区域发展格局，推动文化"走出去"，画好"硬内核、强输出"的文化辐射圈，使这丰富的文化资源成为巨大的流量入口。希望本丛书能引发全社会对文化潮州的了解和认同，以此充分发掘潮州优秀传统文化的历史意义和现实价值，推动优秀传统文化创造性转化和创新性发展，创造出符合时代特征的新的文化产品，推出一批知名文化团体和创意人才，形成一批文化产业龙头企业，打造一批展现文化自信和文化魅力的文化品牌，开创文学大盛、文化大兴、文明大同的新局面，为把潮州打造成为沿海经济带上的特色精品城市、把潮州建设得更加美丽提供坚实的思想保障。

序

◎ 李闻海

2016年（丙申年）正月，时值举国上下万户千家同享新春佳节之际，一位深受潮汕人民敬重的老先生——隗芾教授，却悄悄地、安详地告别了人世，骑鹤西去……

尽管此前不止一次听到他自谑大限将至，尽管在他入院治疗时电联获知其病情而多少有了心理准备，然而，当噩耗传来的一刻，我忽觉心半悬空中，久久无法平静，一时茫然，无处着落！

多年前，我与身兼文化学者、教授、总编辑的隗芾先生结缘，他爽快应允受聘为砚峰书院顾问，并且不辞辛劳多次往返于汕潮之间，认真细致进行考察研究，指导启发书院的有关建设事项。

隗芾先生为人乐观、文思敏捷、才情横溢且记忆力惊人，出言立论常常出人意料之外却又让人不得不心生折服和敬佩。

先生自20世纪60年代开始耕耘创作，数十年间出版了100多种著作(有些是与其他学者合作)，其中多数都是描述被他视为故土的第二家乡——潮汕大地的人文历史、风土环境、文化进程和前景展望。

他以一种外乡人的理性而透彻的方式，梳理着潮人这个族群的文化基因，用鹰一般锐利而宽广的视觉捕捉、观察、记录这片热土上的动人篇章。

在他的著作中，所涉学科之繁多专业，着眼之细微精准，思量之深刻远遂，笔锋之犀利有力，语言之生动活泼，均无不尽显其学识之渊博，见解之真灼，用心之良苦和挥洒之自如。

当听到我提及为构筑"潮商学"而进行有关筹备工作时，先生摘下墨镜，双眼发亮如见至宝，竟如孩童般开怀拍手大声叫好，且当即表示要为此学说筑写引论，用他原话讲："我来抛砖引玉也。"

此后两个月，先生每每电话联系通告章节进度，全然不顾自己仅有0.31视力的双眼早已血丝满布，全然不顾身体频频传来的不祥预兆，不顾我每次恳求先生保重身体的叮嘱……

在最后一通电话中，先生已在广州住院，却欣喜地与我说："李闻海，我快要完成我一生最大的心愿了，然后我就走了哦……"

我多么希望爱开玩笑的先生这回仍然是在开玩笑。希望过几天，我又能见到这位可敬可爱的帅老头。

但这一回，他竟一去不回，不再理我了！

这个寒夜，抱着怀念与敬仰的心情，我挑灯细细拜读了先生用不到三个月时间，倾注了他老人家一片热血丹心、赤子之情的图文并茂的《潮商学引论》。

纵观全书26个章节，先生用深入浅出、通俗生动的语言，理论与实践紧密结合，大量引经典、采佐证，紧紧围绕经济与文化两大主题，客观、立体地勾勒描绘了一幅完整的潮商文化大观。

这是一部值得全球潮商共同拥有的精神宝典！《潮商学引论》的横空出世，是潮商学研究拉开帷幕的一个标志。

它将为潮商文化自信与商业个性的构筑确立，以及潮人商帮长盛不衰的演变与发展规律的研究、分析，奠定坚实牢固的理论基础并开拓方向。

　　它将报答这位为潮汕人民留下巨大文化财富的著名文化学者，完成他一生最大的夙愿！

　　希望更多的有心有识之士来关注关心，一起来完成这件值得全体潮人骄傲与自豪的善举。

　　《潮商学引论》让我们走到一起，共同构筑并实现伟大的文化复兴，让世界更清晰地看到潮人的文化自信和时代风采！

目录

| 前言 | /1
| 第一章 | 潮商的哲学理念 /001
| 第二章 | 潮商的雏形在海洋 /007
| 第三章 | 潮商的自然环境 /011
| 第四章 | 潮商的文化类型 /017
| 第五章 | 贵族没落而经商 /027
| 第六章 | 潮商对中原文化的继承 /031
| 第七章 | 潮商的天然优势 /037
| 第八章 | 潮商的市场环境 /047
| 第九章 | 潮商与"海盗" /051
| 第十章 | 潮商与红头船 /063
| 第十一章 | 红头船是潮商现代化的起点 /069
| 第十二章 | 红头船的经营活动 /073
| 第十三章 | 红头船所代表的潮商精神 /081

目 录

|第十四章| 番客——早期出国的潮商 /085

|第十五章| 早期在海外市场称"王"的潮商 /093

|第十六章| 潮商的信仰 /101

|第十七章| 潮商的慈善本质 /115

|第十八章| 潮商的拼搏精神 /123

|第十九章| 潮商的互助精神 /129

|第二十章| 潮商的经营技巧 /135

|第二十一章| 潮商眼中无贵贱 /141

|第二十二章| 潮商讲究生命质量 /149

|第二十三章| 潮商与工夫茶 /153

|第二十四章| 潮商的生活情趣 /163

|第二十五章| 潮商的贤内助 /167

|第二十六章| 潮商成功的启示 /183

附录 为天下潮商立学说 /187

前言

潮商，指的是古今中外讲潮汕话的潮人中，以经营谋利的群体，或从事商业，或经营企业。他们是潮人中的佼佼者。他们游走于世界各地，因其善于经商致富而被戏称为"东方的犹太人"。

潮商是由潮汕地区本地海民（如疍家）与本地山民（如畲族）会合历代中原南下之移民所构成的，由潮汕话凝聚而成的族群。

潮汕话是由古代中原汉语与岭南越族语言长期混杂、融合而成的方言，因其独立性极强，又距离北方官话甚远，经久不易被同化，反而畅行海内外，形成"会讲潮汕话，走遍东南亚都不怕"的局面。目前使用的有4500万人左右，分别为潮汕本土1500万，海外1500万，散居全国各地1500万。

潮汕话是形成潮商文化的基础，也是潮商族群牢固的纽带。他们是中国最早走出海外发展的人群，也是开发台湾及南海诸岛的先锋力量。

17世纪以后，特别是近现代，他们一面与倭寇海盗斗争，一面与封建官府周旋，最早突破"海禁"，勇闯南洋，活跃在世界各地商业与实业舞台，成为中国继晋商、徽商之后最强大的商帮，至今仍实力不衰。

中国自进入有组织的社会后，长期奉行"重农轻商"政策，导致传统观念上"抑商""贱商"。商人子弟不能参加科举，就不能循正式途径做官，这样就把商人排斥在主流社会之外了。然而，老百姓却从实践中懂得了"无商不富"的道理。传说吴越时期两位"舍身救国"的英雄范蠡与西施，功成身退，范蠡化名陶朱公，带着西施泛舟湖海，从事商业活动。两个卑贱之人开辟了中国历史上经商的道路，被老百姓尊奉为财神，丝毫不敢轻视。这才使得商人成为中国脊梁的不可或缺的一节。

商业在不同时期有不同的模式。只有适应当时社会实际的，才能算成功。这个"社会实际"包括两种，一是社会允许之"可能"，一是社会需要之"可行"。前者确立了商人与权力的关系，后者确立了供应者与需求者之间的关系。

封建统治者自称是老百姓的父母，而商人却清楚地认识到，消费者才是自己真正的衣食父母。中国的商业在道德与利益的夹缝中艰难成长，在丝绸之路与马帮之路的艰苦奋斗中不断壮大，终于在世界进入大商潮时代，逐渐产生了晋商、徽商、温州商帮等一系列商帮模式。

当世界进入海洋文化新时代，潮商应运而生，崛起于中国东南，得东南亚之灵气，逐渐称雄于世界。

潮商，融大陆文化和海洋文化于一身，以华夏为土壤，适应世界气候，得风气之先，敢于创新，勇于变革，成为市场经济大潮中最勇敢的弄潮儿。其遍布世界之广，成就之显，群体之强，影响之大，可谓尽人皆知。急需对其进行深入研究。

研究，第一要学会客观，第二要学会对比。客观：才能全面，既看正面，也看侧面，更看反面。对比：不仅与自身的过去比，也要与国内不同的商帮比，更要与国际上的著名案例比。这就是建立"潮商学"的任务。

在中国改革开放后，转向市场经济的形势下，在全球进入信息化时代后，潮商仍然独立潮头，成为名副其实的"潮商"，是新时代的弄潮儿。因此，探求潮商的发展轨迹及其经验，不仅有利于中国的经济发展，对世界经济的发展亦有重大参考价值。

另外，近百年来，潮商在世界实业界中称"王"的就有50多位，几乎涵盖各个经济领域。这个群体，这种现象，就是经济学所要研究的最好对象。

"潮商学"内涵与外延甚广。从潮商的形成，到其发展轨迹；从其成功经验，到其坎坷教训；从本土经济现象，到全球发展战略，都与潮商密不可分。因此研究建立潮商学，对潮商进行细化研究就显得十分必要，其对现实商业行为的指导意义更切、更大，更具体。唯其实践性最强，故需走出象牙塔式的书斋到实地进行实践研究，通俗论述，以期寻获友声，共同切磋，丰富内涵。

潮商研究本着"大处着眼，小处入手"的原则，大至人类文化本源，小至潮商的基因构成，均需条分缕析，录音录像，消除顾忌，实事求是。不注重引经据典，而着重实践调查，以达雅俗共赏之目的。

好在对潮商的研究早有先行者，已有许多认识成为共识。但是，随着世界进入信息化时代，不断有新的问题出现，随着年轻一代潮商的涌现，积累了许多新的经验，值得总结、发扬。如此需要有一个学科基地，团结更广泛的力量，使得这个学科更加充盈、丰富、生动、活跃，本书希望以此抛砖引玉，"引"出更多、更大的硕果，以报答伟大的时代。

（作者声明：本书采用部分历史图片，未知作者，请版权所有者联系出版者，以表谅解并致谢。）

CHAPTER 1

第一章 潮商的哲学理念

许多人误解，以为哲学是主观的，其实它是客观的。不管一个人文化水平高低（人们常以学历文凭衡量）、社会地位如何，都有自己的生活理念，那就是其人生哲学。即使本人终生不知，它仍然是客观存在的。一个自然人如此，法人也如此。族群的共同理念，就相当于社会团体的宗旨。潮商既然有共同追求，就有共同的哲学理念。

潮商的哲学理念概而言之，曰：无、和、善。

"无"是道家的主张，既是行为的根据，也是行为之归宿。有意思的是，在潮汕话中，发音为"无"的时候，代表的正是"有"，充满着辩证的逻辑。

在潮州砚峰书院"潮商名贤祠"的正面，矗立着一座标题为《无》的雕塑，是由青年潮商的代表、"潮商学"创立人、砚峰山人李闻海与潮籍著名雕塑家庄征合作创意建立的。我曾为之题诗，曰：

心胸透澈不需拂，空脑能容万卷书。
阅尽人间多少事，目空一切有即无。

佛家曾将人自身之修养比作明镜，主张要时时勤"拂拭"，以求不染尘埃。六祖惠能则进一步主张——心地洁净，连那面镜子都没有，更不需拂拭。亦如儒家所主张的"赤子之心"，纯净无邪，一尘不染。这座标题为《无》的雕塑，来得更为彻底，索性连"心胸"都没有，从头到心都是空的，透澈若洞。人们观之，此人头脑心胸均与天空、宇宙连为一体，其实为道也。

唯其道"空"，其容乃大，能容宇宙间无尽的宝藏。如同宇宙，本来是由暗物质与明物质所充塞，然而呈现在世人面前的，却只是无尽的空间，除了点点星辰外，其余皆空。

这正是潮商对财富乃至对世界的认识基础。

中国几千年形成的价值观都以"士农工商"排序，只有潮商认为：士（官员、知识分子）、农、工皆有固定的领域，只有商，行遍天下，无拘无束，最为自由。在潮汕，从来没有人把"商"排在末位，其社会地位之高，中国无出其右。

潮商，经常说的一句话就是："钱是赚不完的，有钱大家一起赚。"

"无"的另一层意思是，一个人越"有"，其实是"无"。财富累积得越多，其实越不属于自己。你拥有了许多企业，但是你不能随意关门歇业，无论如何艰难困苦，你都要拼命支撑下去。个人积累的财富，不仅死后带不走，生前也是属于社会的。

潮商既然懂得"有"即"无"的道理，于是在拼命赚钱之后，也主张大胆消费，提高生活质量，享受生活乐趣。所以我曾经以

砚峰山人李闻海与潮籍著名雕塑家庄征合作雕塑作品《无》

"拼""品"二字来概括潮商文化的实质,可以一副对联概括:

满世界拼搏血汗钱
回家乡品赏工夫茶

一方面是海洋文化的拼搏精神,另一方面是大陆文化的品赞生活,二者缺一都不是潮商。只知道拼命赚钱,是犹太人;只懂得享受生活,那是清末八旗子弟,都不是现代的潮商。

再者,"无"则能藏。老一代潮商从不炫富,其商战智谋亦深藏不露,唯其如此,无锋芒,则不树敌;无伤人之心,故无往而不胜。

"和"是儒家的主张。在万事纷纭的世界中到处充满矛盾,儒家主张凡事不激化矛盾,孔子曰:"礼之用,和为贵。""和"的本意并非是掩盖矛盾、漠视矛盾,而是主张积极主动、千方百计去化解矛盾。中国兵法中亦认为:"百战百胜,非善之善者也;不战而屈人之兵,善之善者也。"(《孙子·谋攻篇》)化解之一途,亦可转化矛盾,必要时亦可转嫁矛盾。潮商深信此理之可贵。汉语中以"商"字来命名"买卖"这个领域,就说明做生意是大家商量的事,中国人一贯主张"买卖不成仁义在",勿使对手变敌人。这是老一代潮商对后代子孙千叮咛万嘱咐的一句话。

孔子还有一句话是"君子和而不同"。其意之一是指在行业布局以及经营特色方面要保持自己的特色,要能在大合唱中听到自己的独特声音。在全国高校一窝蜂地扩大招生时,李嘉诚在兴办汕头大学时,坚持教学质量,坚决

不扩招。教学设施不断增加,本科学生数量却始终不变。因此才保证了毕业生就业率在全国高校中始终领先。

其意之二是指要坚持原则,不做无原则的附和。孔子的"君子和而不流"(《礼记·中庸》),就讲得更为明白。潮商很少从事那些违规犯法的行业。如开赌场,贩毒,向来为潮商所不齿。

"善"是佛家的主张。潮商信佛者多,因此整体向善之倾向十分明显。影响所及,潮商均以做善事为荣,害人为耻。潮商之善乃慈善,非为"救赎原罪"之意,而是出于内心之慈悲。潮商多数信佛,故从小即教育子女多行善事,稍有积蓄,便不忘反哺社会。潮汕地区盛行兴建善堂,甚至在战乱时期自动担负起政府的职能。和平时期则多建寺庙,多设慈善机构,背后皆有潮商在支持。潮州开元寺在"文化大革命"后的大规模修缮,即由李嘉诚以其母亲的名义捐助资金完成的。

潮州砚峰书院

无、和、善，代表的是中华文化的价值观，也构成了潮商的坚实哲学基础。

哲学基础决定经营理念，经营理念则制约商业行为。有此根基，潮商的兴旺才能持久，才不会忽然勃然。研究潮商，此不可不察也。

CHAPTER 2

第二章 潮商的雏形在海洋

潮商重商，并非主观地选择，而是客观环境造成的。潮汕东、南两面临海，岛礁密布，很少土地，因此早期人类只能靠海产品生活，发育出最早的中国海洋文化形态——贝丘文化。

目前发现的潮汕地区最早的居民，是1982年在揭阳普宁广太镇发掘的虎头埔古窑遗址，距今约4000年，属于新石器晚期，其制陶技术和进入商品交流阶段，都与中原文明同步，说明在中原移民到来之前，本地已经有相当高的物质文明。2009年又完成了对潮阳谷饶新坡遗址的发掘工作，发掘出两个墓葬和一个灰坑，出土了多件经过加工的石器和粗砂陶器，还有一件玉器。断代应该在夏商时期，距今约3000年。

人类在潮汕大地上的活动痕迹不断被发现，稍晚的有潮安的陈桥遗址，以及众多的文化遗址，形成了完整的文明链条。

贝丘文化的劳作

在中原移民到来之前，这里的土著居民属于越人，或称古越人、百越人。古越人的生活状况目前仍然不是很清楚，他们的后代大部分都被中原移民强势文化所同化，湮没在历史之中了。按揭阳学者黄凡的说法："早期在潮汕一带居住的先民，依次为夏代少康后裔的越人，春秋战国以后的百越流民，秦汉时期的盘瓠族人，历代居官封袭或戍守者的后裔，以及历代战乱迁徙南下的中原移民等。"此说大体应该属实。

越人中包括许多族群，见于文献记载的，统称"蛮獠"（旧时对南方少数民族的蔑称）。包括俚（有说为今黎族先人）、畲、獽、獠（今壮族先人）、狢、蜑（疍）等。汉初，赵佗于广州建立南越国的同时，粤东地区也曾建立过东越与闽粤国，可惜至今尚未发现其遗址痕迹。其后，越人多数已经汉化，至今存在的是生活在江海中的疍民和生活在山区里的畲族。

"疍民"，亦写作"蛋""儋""蜑"，一直以船为家，有自己的生活习俗，也不与山顶人（指陆地人）通婚。疍民是中国海洋文化的首创者。他们从事海洋生产，有多种技艺。其产品多数为鱼、盐、珍珠之属，除少量自家消费外，多数与陆地人进行交换。因此，他们是潮商最早的雏形。

明隆庆年间编辑的《潮阳县志》载："有曰疍户者，岸无室庐，耕凿不事。男妇皆以舟楫为居，捕鱼为业，旧时生齿颇众，课隶河泊。"在另一处记载中，明洪武年间，归"河泊"管理的疍民就有"疍船六十一只"，他们在潮阳后溪河岸建有官庙，时年八节他们会划船上岸祭祀。因为他们从小生活在摇动的船上，所以上到稳定的陆地后会"晕山"。这也是他们不愿上岸生活的原因之一。

疍民代表的这种海洋文化生产方式，一直为大陆的农耕文化主体所不容，历来受到歧视、排挤和打击，甚至被视为"贱民"。旧有俗谚曰："大欺小，小欺矮，无可欺，就欺疍家仔。"朝廷甚至动用行政力量实行"海禁",压缩他们的生活空间。不许疍民上岸,不许与陆地人通婚,不准入学读书和参加科举等。陆地居民甚至不许他们上岸挑汲淡水,有所谓"曲蹄(对疍民的侮辱称谓)莫上岸,上岸打死不偿命"的说法。由此可见,早期海洋经济之艰难。

CHAPTER 3

第三章 潮商的自然环境

潮商的真正兴旺,与中原移民的进入是分不开的。

秦汉时期,中原王朝在统一中国的进程中,派遣官兵南下,改朝换代后,这些人滞留闽粤一带,传播、普及了经商意识。魏晋以后,中原板荡,战争不断,人们纷纷南下。宋元以后,潮汕地区气候由酷热变得温和,随着人口的增加,瘴气亦减退。经过水流的搬运,平原增加。加之地处"省尾国角",远离政治中心,也远离硝烟弥漫的战场,这里成为人类得天独厚最适宜生活的宝地,是人们心中的世外桃源,同时也成为中原人政治避难的选择地。

汕头北回归线标志塔

现代海产养殖

潮汕地区，雨热同期，适宜水稻生长，可以一年两造或三造，农作物的高产使得潮汕地区能够容纳迅速增加的人口。至现代，潮汕地区已经成为全国人口最稠密地区之一。19世纪以后，对外贸易开放，汕头港成为中国重要对外港口，20世纪二三十年代，其货物吞吐量曾位列全国第三，宜居程度则位列第五，在海外华人中就有"一上（海）二香（港）三叻（石叻，今新加坡）四暹（暹罗、暹逻，今泰国）五汕（头）六棉（高棉，今柬埔寨）"的说法，证明汕头曾经达到的地位高度。如今，潮汕优越的自然环境，已成为潮商自豪的天然资本。

首先，潮汕正处在地球的"绿腰带"——北回归线（北纬23°26'）与地球神秘线北纬30°的地带上，是地球生命的绿色摇篮。潮汕的中心城市汕头，是地球上北回归线与大陆海岸线相交的唯一大城市，也是世界上唯一建有两个回归线标志塔的城市。

其次，潮汕有人类生活最适宜的气候条件。潮汕处于赤道低气压带与副热带高气压带之间，处在东北信风区中，阳光充足，热量丰富，长夏无冬，基本无霜，雨量充沛。影响气候的气温、湿度、气压、风、降水、日照等因素，均为优渥。

人最适宜的温度是体温37℃，乘以黄金分割率0.618，即22.8℃，潮汕的年平均气温为21.8℃，是最接近适宜温度的。全年最高温度约为39℃，最低温度约为6℃，温差适宜。最适宜人类生活的湿度是50%~60%的相对湿度，潮汕的年均相对湿度为70%~80%，相对适宜。潮汕的气压为1012百帕，年均降水量1586毫米，降水平均130天，基本无酸雨。潮汕年均日照2000~2200小时，日照百分率为50%，也是最佳的。

潮汕是海洋性气候，无酷暑严寒。夏日最热的时候，也不像长江沿线的火炉城市闷热难熬。潮汕白天一热，傍晚就有海风吹来，或伴有细雨飞洒；接近酷热，就有台风到来。说到台风，一般人多看到它的危害，其实台风给潮汕带来的更多是好处：它促使空气流通、更新，及时把人为的空气污染清除干净，是人类义务的空气清洁员。而台风造成危害的次数，平均每年只有0.8次，如果不是正面袭击，危害并不大。汕头年平均风速为2~3米/秒，极为适宜。现在北方许多城市受到沙尘暴、雾霾的侵害，而且愈演愈烈。潮汕地区完全不必担心。舒适度指数为6~8级，夏季舒适偏热。

潮汕地形以山地、冲积平原为主，入海处水网散布，形成中国东南角难得的湿地，仅汕头拥有的湿地面积就达5.1万公顷，候鸟125种，湿地植物268种。湿地是动植物生长发育的摇篮，是联合国重点

潮汕是候鸟的天堂

保护对象。

潮汕地区海岸线长达280公里，既有适宜建港口的岩岸，又有适于游戏的沙岸，还有广东唯一的海岛县——南澳县。北回归线刚好从南澳岛穿过，是人们公认的适宜人类生活的地方，更适合建成为旅游生态岛，具有长远的世界意义。南澳主岛面积128.35平方公里，周围还有大小岛屿23个，以及126个已经命名的礁石，这是许多珍稀鱼类生活的地方。

潮汕平原地处韩江中下游，当前在中国东流入海的河流中，可以说韩江的水质是最好的，韩江流域的污染是最轻的。

改革开放初期的汕头东区

潮汕地区的缺点有二：一是可耕土地太少，二是地下矿产资源匮乏。人多地少促使近代潮汕人继续向外扩展，走向世界各地。潮汕地区的人口在2010年第六次全国人口普查时，每平方公里的人口密度是全省的3.3倍。汕头市每平方公里人口高达2474人，相当于全省的4.6倍，全国的17.9倍。而人均耕地，揭阳为0.31亩，汕头只有0.13亩，潮阳和平镇人均耕地低至0.077亩。都大大低于联合国粮农组织确定的人均占有耕地0.8亩的警戒线，甚至低于人均0.5亩的危险线。这是潮汕发展的客观现实，它决定了潮汕人口必须向外迁移，才能缓解不断增长的人口压力。潮汕既得到太平洋季风的优惠，又可凭借台湾海峡南下海流的便利，使潮汕到东南亚的航行可顺水顺风，为潮商走向世界提供了有利条件。潮商也正是利用了这些有利条件，成就了它对外经商的辉煌历史。

CHAPTER 4

第四章
潮商的文化类型

人类的文化类型是由生产方式决定的，而生产方式则是依托地理环境而选择的。潮汕依山面海，可耕土地较少，古代潮商多数靠海生活，正如清康熙时人王岱纂修的《澄海县志》所记沿海一带："农工商贾皆藉船为业，其稳底船兴败多于三阳大埔之间。其罾子罛船运艚多捕海港，其舶艚远驰会省高惠，逐鱼谷盐铁之利，虽盗贼风波不顾。"说明当时已经借海洋之便，开始海上运输与贸易，形成初始的海洋商品经济。

中国古代由于不同阶段和不同地区的生产方式，形成了五种不同的文化形态：采集文化、渔猎文化、畜牧文化、农耕文化与海洋文化。五种文化中前四种可以概括为一个概念，即"大陆文化"。几千年来，中华民族的内部战争，都是为了争夺这"大陆文化"内的生存权和统治权而进行的。

与大陆文化相对的就是海洋文化。中国的海洋文化发育在东南的闽粤台沿海地带，其典型就在潮汕地区。潮商文化的最大特点，就是海洋文化与大陆文化的高度结合。

早期的海洋生产方式主要有三种：捕鱼、捞珍珠、制盐。盐是人类生活的必需品，因其重要性，后来被垄断为官卖，足见其在早期经济发展中的地位。李开周说："清代的食盐专卖利润极大。譬如广东沿海，一包盐的生产成本和运输成本加一块儿，才0.18两银子，而出售的时候，批发价就有0.23两银子，终端零售价则高达每包0.4两左右。这当中的差价，一部分归政府所有，一部分归盐商所有。"（李开周：《曹雪芹家庭的富裕生活》，原载《济南时报》，转载自《广州文摘报》2012年12月3日，第14版。）

潮汕地区的海岸，适宜制盐的平坦海滩很多，结合日照、风力等条件，从唐代起就有煮盐的记载。唐李吉甫《元和郡县图志》记载："海阳县（今潮汕地区）有盐亭驿，近海百姓煮海水为盐。"另有《三阳志》载："潮之为郡，海濒广斥，俗富鱼盐，宋设盐场凡三所，元因之。散工本以助亭户，立管勾职以督课程。盐之为利，既可以给民食，又可以供国用矣。"（《永乐大典》卷五三四三）

这三所盐场是：小工盐场，位于今澄海东里镇与溪南镇沿海地区，管辖今澄海、南澳、饶平、揭阳一带盐务；招收盐场，位于今汕头市濠江两岸；隆平盐场，统管今潮阳至惠来沿海盐务。这些盐场属于朝廷所有，生产的盐叫"正盐"。

此外还有民营性质的"锅户"，其盐为"浮盐"，可以自由买卖。潮汕盐业至宋代时规模更加扩大，每年可达7万石，占广东总产量的五分之一。宋代御史大夫王安中曾有《潮阳道中》诗曰："火轮升处路初分，雷鼓翻潮脚底闻。万灶晨烟熬白雪，一川秋穗割黄云。"描绘的就是万众熬盐的情景。以至"华坞（地名，在今汕头市区中山公园附近）晴雪"成为澄海古八景之一，可想见当时潮盐生产的兴盛。

明清以后又采用"滩晒法"，制盐成本降低，产量增加。不仅供应韩江上游的闽粤赣地区，而且出口至外洋。据明代《东里志》记载："夏季炎热，冬季多北风，为收盐讯期，潮汕东起饶平、南澳，西至潮阳、惠来，称为广东四大产盐区。"

潮汕制盐业，直到机制盐出现后，才开始衰落。虽然如今在汕头市濠江区沿海一带，仍然有盐田在生产，但已经退出市场竞争。前后算起来，潮汕制盐足有千年以上的历史，是潮汕海洋文化生产方式的重要组成部分。

由于中原移民的大量进入，农耕文化势力日益增强，使得潮汕的海洋文化特性日益萎缩。随着疍民的上陆定居，一部分人生产方式改变，融入农耕文化，但仍然有习惯于海上生活的人和不得不从事海上生产的人，继续海洋生产方式。过去由于以船为家，无法远行，只能在近海活动。上陆定居后，男人得到解放，逐渐深涉远海，更加强化了海洋文化精神。

潮商文化既然是以中原移民为主体形成的，他们所带来的大陆文化也就成为早期潮商文化的主体。但随着海洋生产方式的扩大，海洋文化的成分又随之扩大。这种为古代中国主体文化所不容的文化形态，以其顽强的生命力在"省尾国角"的潮汕地区曲折成长，逐渐形成足以与强势的大陆文化相抗衡的文化力量。

"海洋文化"是文化史中对文化形态的特定称谓。海洋文化是国际间基于商品生产与海上贸易为主的生产方式所形成的一种文化形态，是海洋生产方式与市场经济长期孕育形成的文化类型，是在世界观、人生观、价值观等方面，与采集、渔猎、畜牧、农耕等生产方式孕育的大陆文化完全不同的文化类型。

形成海洋文化有两个必要的条件：第一，必须有用于市场交换的商品，而且构成地区经济主体。第二，要有能与区域外进行商品交换的对象，和与之相适应的海上运输能力。概言之，海洋文化就是天然的市场经济的产物。

最典型的海洋文化是地中海区域文化。中国海洋文化的典型就在潮汕。

第一，潮汕有便利的对外交通优势。由于地球赤道海水不断蒸发，北极海水要南下补充，形成从白令海峡，经对马海峡、台湾海峡、巴士海峡，直到印度尼西亚的海流，潮商就利用这股海流，船运通往东南亚各地。哪怕不用动力，也可以漂流到东南亚地区，这使得古代潮汕地区在地理上与海上不同文化类型国家和地区进行商品交换成为可能，回程则利用东南季风的力量。相对而言，往北则较为困难。1688年，潮州的一艘商船从乌丁（今汕头市龙湖区内鸥汀）装货，北上宁波，欲往苏州、南京，不料在东海遇到风暴，船只破损，船上63人只活了15人，漂流至韩国的济州岛，后辗转陆路遣返回国。（朴现圭：《1688年漂流在朝鲜济州岛的潮州出航船考》，载《潮学研究》第14辑，花城出版社2008年版，第74—90页。）

即使鸦片战争国门开放后，潮汕也是走出国门的首选之地。如当时第一个"受外国花旗聘舌耕海外"的厦门人林鍼，就是从潮州搭乘一艘三桅帆船到达美国的，历时100多天。他在其所著《西海纪游草》中披露了早期到达美国的潮州人的悲惨遭遇："抵纽约港后，见一条中国船被作为展览品泊于港内，其中有英商招募的26名潮州人，'欲观之人，与英人银钱半枚，始得上船遍览，日得银钱数千'。原来，这些潮州人是被英商以'出国打工'为名诱骗到美国，来作为展品赚钱的。"（张功臣：《开眼看世界——鸦片战争后出国的几个中国人》，载《人物》2001年第3期，第128—138页。）这些都说明潮汕地区对外交通的能力。

第二，潮汕有较雄厚的商品基础。这里气候温润，雨量充沛，物产丰富。除本地的陶瓷、石材、手工艺品及各类食品外，还汇集了闽西、赣南汀江和粤东的梅江、韩江流域的木材、瓷器、茶叶、药材及土特产品，形成了很强的商品出口能力。仅在潮州笔架山发掘的一个宋代窑址，按其容量推测，其每年生产的瓷器足够当时本地人口自用10年以上，可见大部分产品是作为出口商品外运的。外贸的主要方向是东南亚地区，北到韩国，西到欧洲。遗址中就有西洋狗和洋娃娃制品，证明了古代东西方海洋文化的交流。

由于闽粤赣地区的陶瓷器许多都是从汕头出口的，因此西方人统称其为"汕头器"，对市场来说，货品的供应渠道远比生产地更重要。西方的所谓"克拉拉瓷"更是以运输船的名字而命名，与"汕头器"的命名是同样的道理。

仅以饶平的浮任古港为例，在清代解除海禁后，在这里出口的货物有丝绸、药材、陶瓷、茶叶、生柑、蔗糖、靛蓝、棉布、潮绣、抽纱、菜籽、渔网、麻皮、薯粉、海盐及大受南洋潮商欢迎的家乡菜脯等，此外还有从北方转运来的物品，包括人参、鹿茸、毛皮、丝绸、樟脑、松香等。

在1688年漂流到朝鲜济州岛的潮州商船从乌丁装载运往内地的货物就有乌白砂糖2000担、白方绸2000匹、红白绉纱200匹、药材20包、大米100担，以及石蟹、甘草、八角香等。此外还有海盐、水产品、蚝壳（烧制石灰原料）等。从中可以看出与国外市场的不同。

进口的物资有香料、砂仁、胡椒、象牙、犀牛角、金玉器、丝织品、暹逻米、优质木材等。

清朝对外贸易合法后，在粤东设立了粤海关负责收取税金。据清嘉庆《澄海县志》记载，仅在澄海粤海关就设有樟林口、东陇口、南洋口、卡路口、南关口等五处税口，每年征得的货物税银占广东省税金的五分之一以上。

除了这些物资商品外，历代研究者忽视了一个更重要的商品，那就是"劳动力"。潮汕是中国劳务输出最多最早的地区。不仅是潮商，更包括大量的客家人、闽西人、赣南人，因为这一带地处五岭余脉，多为山区丘陵地带，只有沿海有一些冲积平原，人多地少，男子成年后，多选择外出谋生，几百年来不断的劳务输出，就形成"凡有潮水的地方，就有潮商"的局面。

除去上述世界通用的海洋文化的两个共同条件外，在中国还要附加第三个条件。那就是：要有相对宽松的政治环境，即远离强势文化中心。

中国的封建社会是稳固并强势的，是一个强大的大陆文化统治机器，奉行闭关锁国的政策。在皇帝眼皮底下，与大陆文化截然不同的海洋文化形态是不允许存在的。由于潮汕地区"山高皇帝远"，中央的集权统治在这里相对薄弱。也因此，历史上一些衰败的政权多选择这里为避难地，最后于此终结。宋亡后，以陆秀夫、文天祥等为代表

明清之际的港口澄海樟林古港

的抗元势力，拥戴小皇帝赵昰、赵昺转战到此，入海而亡；元末农民起义军领袖陈友谅的军师邹普胜，失败后流落潮阳，人称"虱母仙"，终葬潮阳贵屿南山；南明最后的武装力量终结于饶平；太平天国的武装力量终结于丰顺；近代革命时期，八一南昌起义部队也是到了普宁，"流沙会议"后化整为零，分散行动。这些都是以大海为退路，最后或分散转移，或拼死一战。在潮汕地区，自古就有海上武装力量，有的是海盗，有的是武装走私集团，也是以大海为依托，与朝廷抗衡。这些都说明，大海给这里的民众一种"有恃无恐"的信心，使得他们敢于在中国强大的封建帝国势力面前，维护自己的利益，保持自己的海洋文化性格。

中原移民到潮汕以后，并不都是固守大陆文化的，有些从事海洋性生产的自然就生发出海洋文化。例如，居住在汕头市金平区大场的柯氏，本来是从河南固始蔡氏家族分出来的一支，历代都从事农业生产，但在明代来到潮汕以后，历经揭阳登岗、锡场、蓬州，最后向牛田洋方向迁徙，定居大场后，这里的盐碱地并不适宜农业耕种，只好改为海洋生产，于是开始投身渔业和海产养殖，不仅活动于整个牛田洋周边水域，一直到妈屿岛，直到现在与潮阳湖东土地接壤的一块土地，仍然归大场管理与使用，成为金平区的一块"飞地"。这些土地因为不宜耕种，只能用于水产养殖，因此也从未引起潮阳人的觊觎。现在柯氏族人的水产养殖，已经积累了许多经验。牛田洋的青蟹已经成为著名品牌，近些年汕头市特别在这里举办青蟹节，影响很大。

总之，在中国，符合上述三个条件的，只有闽粤台三角区。历史上中国海上贸易的重要据点都在这里：南宋时期泉州港，元明时期漳

汕头开埠初期的中心——小公园

州月港，清中叶的樟林港。据清嘉庆年间在樟林港开课授徒的澄海上华横陇举人黄蟾桂在《晏海涹论》中记载：商船六十余号各装糖包满载，每船或三千包，或四千包，连船身计之，一船值银数万。而商船卖出买进一来一往中，"常可获利几倍，故凭这种贸易起家者甚多"。（杨晓红：《樟林，昔日粤东第一大港》，《汕头特区晚报》2011年4月25日，第6版。）

近代以来，潮商空前地如鱼得水般融入了世界市场经济大潮中。

1871年，澄海人陈慈黉（1843—1921）在曼谷创立商行，并在泰国最早开办火砻厂。1950年，饶平人余子亮（1899—1974）与潮阳人郑午楼（1913—2007）先后创建泰国京华银行。潮阳人陈弼臣（1910—1988）创建盘谷银行。澄海人谢易初（1896—1983）创建正大集团。潮汕人在各个商业领域称为"某某大王"的在海外就有50多位。

陈慈黉

余子亮 　　谢易初 　　陈弼臣 　　郑午楼

1854年，侨居泰国的华人达150万人，其中60%是从澄海樟林港出去的。到1980年，泰国华侨、华人已经达到450万人，其中75%是潮汕人，达337.5万人。当东南亚各国感到华人增多的压力时，潮商又从南洋再出发，播迁到欧洲、非洲、美洲以及世界各地，才形成现在海内、海外各有1000万潮商的局面。

潮商在海外发展成功后，由于接触到世界最先进的技术、文化理念、经营方式，又回馈家乡，成为报效祖国的强大力量。华侨投资和捐资，促进了家乡的经济发展。从1889年至1949年60年间，华侨在潮汕投资企业4062家，投资近8000万元人民币（折合，按购买力平价计算）。还不包括个人寄回家中的大量侨批现金。

潮汕城乡到处都可以见到华侨回报乡里的建筑，如医院、学校、铁路、工厂，凡新式技术，如自来水、电灯、电话、电报、救火车，都是华侨最先回国办起来的。

中华人民共和国成立后，潮汕华侨子弟纷纷回国参加建设。1978年中国实行改革开放后，又兴起一个华侨回家乡投资、捐资的高潮。以谢易初、谢国民父子为首的泰国正大集团率先进入，他们在澄海捐建正大体育馆。跟着就是一大批耳熟能详的潮商名字。正是由于众多华侨的支持，汕头才最先成为经济特区，促进了改革开放的经济繁荣。

CHAPTER 5

第五章　贵族没落而经商

经商，在古代中国，属于贱业，被列为"士农工商"之末位。然而，经商又需要一些基本的素质和很高的智慧。中国人都知道，经商与唱戏一样，都叫"吃开口饭的"，成功很难，俗话说："三年出一个状元，却出不了一个戏子。"

从前商店收学徒，要看"这个孩子是不是这块料"，就是要先目测，审看基本条件。比如，相貌要端正，品行要规矩，说话要利落，动作要麻利（敏捷）。其中品行无法目测，所以要请保人，至少要证明来历清楚。然后留下试用，做些家庭打杂的事：帮老板娘带孩子，测试耐心；为老板倒尿壶，看其有无怨气；打扫店堂卫生，测试其主动性；到菜场采购，看其是否爱贪小利；有时老板会故意不小心把钱丢在地上，测试忠诚度；等等。这些过关，才会进一步考察其智慧。比如，数字计算灵不灵，会不会心算；待人接物是否灵活，对工作是否上心（热爱）。到真正掌控经营大权，在竞争中要求会更高，实际上比培养一个书生状元更难。每一个优秀人才的培养都要经历儒家设计的成才历程：诚意、正心、修身、齐家、治国、平天下。

如此艰难又低贱的行业，谁会去干呢？穷苦子弟与没落贵族。一旦从商，便世代不得脱籍，不能参加科举。即使聪慧如李白者，亦终生未入科举，亦其故也。

每一次改朝换代，制造出大批没落贵族。他们既不能为新朝所容，大部分人又不能从事体力劳动，因而从事商业最为得心应手。当然也有看破红尘、逃避政治斗争的精英分子，最典型的就是战国时的范蠡，传说他功成身退后，携美女西施泛舟五湖，经商成功，被尊为财神。汉之司马相如与卓文君，当炉经商，皆被传为佳话。

古代贵族，皆是社会之精英分子，代表着社会的先进价值观。其来源有三：第一种是世袭贵族，西方称为爵士，在分封爵位的同时，传承贵族文化基因。第二种是因战功而受封为贵族，西方称为骑士。随着骑士身份的获得，也要进行文化"补课"，避免被人看作是"一介武夫"。第三种是因占领文化高地而获得显贵地位，如孔孟家族之类，世代受人尊重。

这里必须说明，所谓的"贵族精神"，并非是贵族天生带来的精神，而是社会认为其作为贵族应当具有的精神。因此，朝代越长，其贵族精神越强烈。反之亦然，如清朝末代皇帝溥仪，连自身生活尚不能自理，侈谈什么贵族精神？

潮汕地区是历代中原移民南下的聚居地，更是宋、明、太平天国等王朝的最后终结地。历朝失势的贵族为了生存，不断南下至此，正所谓"旧时王谢堂前燕，飞入寻常百姓家"。尤其是南宋，由于受北方蒙古人的逼迫，逐步从汴梁（今河南开封）、临安（今浙江杭州），退居广东而覆灭。贵族、文人除战死、投海外，绝大部分定居于潮汕至闽南一带。他们成了潮商不断的来源，潮商身上的历代贵族的基因一直传承下来，构成了潮商天然的优势。

CHAPTER 6

第六章 潮商对中原文化的继承

潮商除了具有海洋文化的特性外，还有就是它对中原文化为标志的中华传统文化的全面继承。

中华传统文化奠基于先秦，汉唐时期得到丰富，但是直到宋代才算基本形成现在的格局，即儒学、道学、佛学三足鼎立的思想体系。此时，儒学面貌焕然一新，尽管所推崇的还是孔孟之道，但是解释权却落在了宋代大儒朱熹手中。从朱熹之后才真正实行起诸如"一女不嫁二夫""寡妇不许改嫁"之类的信条。女人缠小脚也是自此时普及而成规矩的。新文化运动所反对的大部分内容都是这个时期形成的。

随着佛教地位的上升，佛学也在知识阶层中得到普及。明清以后甚至逐渐压倒道学，中国人的基本道德信条也就在这时形成固定观念。正如诗人杨键在其杂文中说："衡量一个汉人的重要标准，即是他是否敬畏天地、深信因果、信守孝道。如果三样都没有，他就不是一个真正的汉人。"（杨键：《永远的黑白》，载《南方周末》2010年9月30日，第21版。）这三个特点其实就是对道学（敬畏天地）、佛学（深信因果）、儒学（信守孝道）的形象概括。

潮商普遍地具备这三个特点。例如，在潮汕，不管是什么寺庙，在进入正殿的前面，都有供奉"天地父母"的拜亭或牌位，永远对天地自然存有敬畏之心；潮商深信因果，许多人自愿加入善堂工作，

潮商隆重的祭祖仪式

这并不是"学雷锋"的结果，而是相信"善有善报，恶有恶报"的因果，而这正是佛学的根本，于是才有日常"拜老爷"的习俗；潮商又是奉行孝道的典范，相信"百善孝为先"的道理。潮商对传统文化的重视甚至达到标识化的程度。如居住在揭西灰寨马辂乡的温氏，就给五子起名为"聪、明、睿、学、安"，而房号分别为"仁、义、礼、智、信"，并且有先祖留下的《吉言家训》传世，历久不断。

这些非物质层面的道德继承，直接来自宋代的文化滋养。

宋代有一个特点，即它的政权是从北向南一步步衰败的。首都从中原的汴梁移到临安，又南下温州、福州、泉州、潮州，直到崖山（今广东新会南部），陆秀夫背负小皇帝投海，宋亡。而作为文化载体的文化人，诸如建筑师、风水师、厨师、礼仪师、乐师、学者、文人、经师等，自然是跟着朝廷一步步南下，最后，一部分投海尽忠，但大部分潜入民间，定居在潮州至漳州沿海一带。至今漳州还保存有赵家堡"完璧楼"的建筑，就是宋代皇族赵氏以图东山再起的复辟基地。元代统治者是从北方来的，所以宋代文人不能向北跑，向北无异于投敌。由于元兵语言不通，统治者的注意力都在防范汉人与南人的武装反抗上，对文化的注意反而是比较松弛的。元代以后的潮商文化空前繁荣，文人辈出，都与这种传统的继承有极大关系。至今还能在潮商的许多细节上看出强烈的"恋宋情结"。这些从小就刻印在潮商的头脑里。例如，全国其他地方的人很少知道的宋末流亡政权的两个小皇帝赵昰与赵昺，在潮汕则家喻户晓，被奉为正统君王。各地衍生出许多与他们有关的典故与传说。

潮商最崇拜的英雄是陆秀夫和文天祥。在澄海有陆秀夫的纪念亭，在潮州有陆秀夫的衣冠冢。与陆秀夫有过友谊关系的澄海蔡家，至今还时常举行纪念活动。文天祥是在潮汕的海丰被抓的，现在潮汕各地还有很多纪念文天祥的诗文、书法、雕刻、塑像，甚至连文天祥骑的马、文天祥崇拜过的唐代张巡、许远，也都被潮商奉为神，年节祭拜，内心充满了敬意与虔诚。潮阳甚至有"双忠文化节"，大力弘扬这种"忠"的精神。

潮商对朱熹倡导的"孝悌忠义""礼义廉耻"奉行得极为彻底，成为潮商文化中大陆文化内容的核心，尤其是妇女最为典型。直到现在许多妇女仍然遵守着"男女衣服不能同洗"的传统。一般潮商家中都有两个洗衣桶（兼做洗澡桶），男女分开，如果不经意把女人衣服放进了男人桶里，桶还要用石榴花水洗过才能用。女人的内外裤也绝对不能在公共的井边或水龙头旁边洗，也不能晾晒在外面。潮商妇女信守传统规矩在全国最为典范。

除了对"孝悌忠义"这些传统的核心价值观的无条件遵循外，在其他思维方式与习俗规矩上也是全面地继承。例如，潮商信奉"中庸之道"，万事万物贯彻"中"的原则：建筑讲究中轴线，做事信守不温不火，治病最信服中医中药，做人保持中立。

潮商信守奇数与偶数的吉凶含义。"好事要成双"，拜年拿大橘（谐音大吉），给"红包"一定要双数；反之，丧事所用，必须是单数。

此外还有许多对于数字的禁忌，原本都来源于中原。现在中原反而不再保留，潮汕仍然遵守。如乘船时艄公忌讳七男一女，怕犯了"八仙过海"的禁忌，担心龙王见责。老人不愿意在50岁、70岁做寿，认为"半百"与"人生七十古来稀"都是不吉利的。忌讳"三"字，甚至把"三点钟"说成"两点六十"。忌讳岁

矗立在海门的文天祥雕像

数逢"九",认为"九"是危关。老人不愿意说"七十三、八十四"岁,届时必定会增减一岁以"躲过",因为那是孔子、孟子两位圣人的年岁,自己不是圣人,承受不起。诸如此类。

有一些称呼在中原地区早已失传,但至今在潮商生活中还鲜活着。仅就衣食住行等生活方式看,现在的潮汕地区保留了更多的古代中原文化形态。如潮商在家乡祭祖或拜神时,一定要戴礼帽,穿长袍,行三拜九叩大礼,循规蹈矩,一丝不苟。

现代潮商本不喜食用面食,但在祭祀典礼中,家庭主妇都会做面食祭品,花样翻新,竞相出彩。这完全是中原习俗的遗存。

潮商在海外发财后,首先想到要光宗耀祖、光前裕后,一定要回家乡修饰祖先祠堂,报答祖宗恩德,遵循祖制,翻修祖居。因此有"潮州厝,皇宫起"之说,就是其规制完全模仿皇宫而建,只是规格缩小而已。从下山虎、四点金,到驷马拖车,严守风水、方位规则;讲究偏正、对称;做到内外有别、主仆有分、长幼有序、尊卑有制。

大陆文化在潮汕保存最完整的是时年八节、诸神崇拜。如古代的成人礼,在潮汕叫"出花园",礼仪十分隆重,既浪漫,又贴切。

就日常事物而言,保存中原文化的东西随处可见。潮汕话就是古代中原语言遗存,潮汕土话中的"东司"就是唐宋时的厕所,日本沿用至今;潮商母亲管自己的孩子叫"阿奴",也是古代中原的习俗,在两晋到隋唐时期,中原男子的小名叫"某奴"是一种时尚;潮汕现在管厨房煮饭的锅仍然叫"鼎",原是鼎的本义;潮州音乐中的乐器"深波",原来就是古代的行军锅;等等,不胜枚举。

在生活习俗方面,潮汕则顽强地保留着中原传统。从生到死,每个环节都有许多讲究,不可马虎。仅从鞋子就可见端倪。

小孩子出生满月,外婆要送红鞋,表示吉利。以后,还要根据孩子的成长,不断地送大小不同的鞋子。鞋子前头要有虎头等装饰,既显美丽,也图吉祥。孩子"出花园"和上学第一天,要学明代状元林大钦的样子，"咬鸡头，穿红屐"，也是希望能像状元公那样有出息。结婚时为了感谢媒人，男女双方都要给媒人送鞋子，对其"跑腿"的辛劳表示慰问。鞋子里自然也少不得一些"硬通货"（指贵金属）。新娘出嫁要准备五双"上轿鞋"：春夏秋冬加水鞋，其实是借此展示新娘的女红手艺。此外还要准备多些自己做的绣花鞋，以备送给婆家人做见面礼。鞋子上要各尽所能地绣上各类花鸟虫鱼等吉祥图案。在丧礼中，鞋子也居重要地位。死者要穿黑色布鞋，不能有皮底。送殡时要遵从商朝时的礼节，"赐杖成服"，子孙要服"营履"，即穿草鞋，或赤足，表示悲哀。这些都有专门商店在经营。

潮汕是一个奇妙的地方。在这里，你可以感受到海洋文化的新奇，也可以找到大陆文化的古老记忆。它们会奇妙地统一在同一个潮商身上，这也是潮商文化最显著的特色。

20 世纪 90 年代的南澳

CHAPTER 7

第七章
潮商的天然优势

由于潮商承续着历代没落贵族的基因，从传统文化中继承了儒释道的文化底蕴，一旦进入商界，便会把儒释道的各种理念运用到实践中，造福社会。反之，那些没有文化底蕴的人，一旦接触利益，就会迷失根本，不择手段，富而不贵，成为土豪、奸商。

他们有的经过战争历练，会把《孙子兵法》之类的兵书理论，用于商战。他们具有屡败屡战的毅力，走南闯北，见多识广，擅长接待各色人等，处理各种危机。

他们一旦进入商界，即成"儒商"。概括而言，就是两个方面："儒"的仁厚与"商"的灵活。上升到文化层面看，就是大陆文化与海洋文化的结合。"儒"是大陆文化之魂，"商"是海洋文化之魂。二者结合得好，获得成功，故称为"儒商"。一般人理解"儒商"，要么是有知识的人下海做生意，要么是让生意人读书。但这样并不能保证成功。因为儒商是化学的熔合，不是物理的结合。一个人必须在市场经济的大熔炉中，经过"锻炼"，融合了这两方面的品格，方可无往而不胜。

"儒"，并不是指读书多，而是指具备"儒者"的品格，即有仁爱之心，宽厚之德，与人为善，孝顺为尚，团结互助，慎独诚信，"君子爱财，取之有道"。老报人鄞镇凯记述过一件事：20世纪30年代，上海某绸缎行经理来汕头与某布行做生意。布行老板安排在以"好鱼翅"著名的陶芳酒楼洽谈。双方因条件不合未能达成共识。上海经理起身告辞。布行老板坚留，说："买卖不成情义在，品一下这里的鱼翅再走不迟。"上海经理品过鱼翅后，赞不绝口。却只见布行老板将自己的一份鱼翅装进事先带来的搪瓷盖碗中，对惊讶的上海经理说："带给我父亲吃。他最爱吃陶芳酒楼的鱼翅。"中国人认为

"百善孝为先"，有这样孝心的人做生意一定不会错，于是二人重新商议，互惠互谅，终于达成协议，成为生意场上的好伙伴。这就是儒商的长处。

"商"，包括为天下积财，不逞私欲，机动灵活的战略战术，善抓机遇，不拘一格，敢于创新，从长计议，莫以利小而不取。现代有些宣扬西方经济学理论的书，开宗明义地指出："企业的唯一目的是追求利润的最大化。"这是狭隘的经济观。潮商绝不会以这种理念经营企业。他们认为，企业的最终目的应该是通过为社会提供商品或服务，促进人类的整体进步。潮商心中始终怀着感恩和慈善的心。因此没有一个潮商在成功之后，是不顾社会责任的。

成功的潮商就具备这两方面的优势。潮商相信"商与儒本无二道"。

加上海洋文化的拼搏精神，使得潮商如虎添翼。正如歌中唱道：潮商是"三分天注定，七分靠打拼，爱拼才会赢"。这种顽强的拼搏精神也是由生产方式决定的。试想古时候，乘简陋的木船与海洋的惊涛骇浪搏斗，需要多么大的勇气与视死如归的精神。在古代没有天气预报的情况下，渔民的每次出海，与家人都是一次生离死别。海上生活，完全没有内陆湖泊里那么惬意，迎着朝阳，唱着渔歌，在波平如镜的湖面上演绎美丽的梦想和传说。在海上，无风三尺浪，船一入海，渔民早把生死置之度外，不仅是与海浪拼搏，与台风拼搏，与鲨鱼拼搏，与海盗拼搏，还要与自己的意志拼搏，与寂寞拼搏。没有食粮，要忍；没有了淡水，要忍；受了伤，没有药，要忍；没有了火种，吃生鱼。长此以往，锻炼出了海洋人的坚毅的精神。有了这种精神基础，他们闯到了商海里，就有了比大陆文化的人更大的风险意识和更大的承受能力。金融危机也好，股票下跌也好，翻船倒闭也好，血本无归也好，都会自认倒霉，既不会迁怒于社会，也较少自寻短见，因为那是无能的表现，是丢脸的事。潮商有为争利而疯狂的，却很少因失利而疯狂的。海洋文化的拼搏精神表现在现代，是敢想、敢做、敢为天下先，敢做第一个吃螃蟹的人。

敢想，是指思想活跃、头脑灵活，这是市场经济中第一要义。潮州古巷一位农民，在象棋的基础上发明了"旋棋"，把原来象棋的二人对阵，变成了三人斗智，攻下家的同时，又要防备上家，有攻有守，棋面顿时生动起来。潮商陈彦斌用266256块天然颜色的实木方粒拼制成"发展是硬道理"的拼画，面积达136.15平方米，长17.5米，宽7.78米，被吉尼斯世界纪录认定是世界上最大的实木方粒拼画。他孜孜不倦地拼搏了两年多，终于获得了成功。大家记忆犹新的，还有颜苏平等三位潮汕青年，用了几年的工夫，以天然的大理石块，镶嵌成面积达几百平方米的世界名画《蒙娜丽莎》，载入了吉尼斯世界纪录。居住在广州的潮州人张斗三和黄伟强，他们就在海珠区自家的楼顶平台上，靠手工敲打，造出了一架时速100公里的飞机。这简直就是天方夜谭。飞机的名字是从两人的名字中各取一个字，叫"斗强三号"。"斗强"表现的就是潮商的不服输的精神，他们最终要研制的是能够垂直升降的扑转翼飞行器。这是人类孜孜以求的理想。在天台上造飞机，这是一般人不敢想象的事情，潮汕人做成了，并不是偶然的。它的答案就写在飞机的翅膀上："我来自潮州，爱拼才会赢"。

与拼搏精神相连的，是潮商与大陆文化不同的价值观，潮商认为工作无贵贱。自秦始皇统一六国后，"以农为本"就一直是基本国策。从秦初吕不韦经商受歧视，到现代的"农业学大寨"，都是以一种政治的力量贯彻"重农抑商"的价值观。与此相适应的信条是："无商不奸"和"万般皆下品，唯有读书高"。而"读书"的最终目的，是引人入仕途。古代人从小都被灌输"读书做官"或"以农为本"的思想。

而在以海洋文化为主的潮汕地区，尤其是潮阳、峡山、普宁、海陆丰一带，价值观便与此不同。这里从来不歧视经商。在这一带小饭店吃饭或在小商店买东西，经常可看到十几岁的小男孩在跑来跑去帮做生意。他们并不是正式的"童工"，而是主人家的"见习"商人。有的在一边写作业，一边看店铺。个个很机灵。也许他在学校里算术不及格，可是你给他100块钱买东西，他绝不会多找你钱，钱算得很准。即使在农村，许多孩子从小就会采青草换钱，尤其在春天。他们一面放牛，一面在田埂上采集各类青草药，码放在篮子里，第二天清早到附近城里，在小巷中穿行叫卖，不仅能贴补家用，自己也能得到一些零用钱。所以潮汕俗语中有"春草青，喊百家"的说法。

在潮汕，任何职业都有人做，都不受歧视。大家认为只要是能合法赚钱，职业没有低贱的。而且，只要对什么有兴趣，就一定要把它做成功。这就是海洋文化的拼搏精神。工作无贵贱的价值观，是潮汕人适应市场经济很重要的一种素质。它是对中国几千年来正统价值观的突破和反叛，也是通向现代化平等社会所必需的优良素质。潮商也从来不小看落魄的人，认为"牛料马料人孬料"，落魄的人很可能将来有出息。对人要尊重，因为"鸡仔细细有个腱"，每个人都有自尊心，不可小看。

成功的潮商一定是讲诚信的。潮商的称呼怎么来的？是由海潮来的。海潮的最大特点就是守信。潮人经商誉满天下，就是靠一个"信"字。潮商早期只身下南洋的很多，扔下家乡嗷嗷待哺的妻儿老小。他们省吃俭用，积下一点钱，就得想办法捎回家乡，于是专为华侨往来捎钱的行业应运而生，逐渐发展成"侨批"的形式。最初的水客纯属个人行为，逐渐扩大为集体组织，有了客头，再扩大为民间企业"侨批馆""侨批局"。不管处于哪个阶段，都是以"信用"为唯一资本的。华侨都知道，明清时代乘木船往来于潮汕与东南亚各地是一件既辛苦又危险的事，只有穷小子才肯干，别的资本没有，只有一个"信"字。在他们身上寄托着家乡父老的期望，也承担着在外打工者的全部血汗。因此他们一定要保证：人在钱在。后来发展到汇兑性质的"侨批",逐渐兴旺,清末时海外侨批馆已达到451家,潮汕各地131家,共582家,产生了激烈竞争。竞争取胜的法宝还是只有一个"信"字。谁的信誉好,大家就信任谁,于是出现了带保险性质的侨批,也就是说,我替你往家乡邮钱,即使在海上被海盗抢劫了,我也照样赔你钱,损失算侨批局的。这样一来,侨批局的信誉更加高涨了。

我们再来看现代成功的企业家,也无不重在"信"字上。马来西亚侨领先贤林连登,家住惠来,十分贫寒。1895年他28岁时,向人借了10担红糖卖了做盘缠下了南洋,当过洗碗工,做过脚夫、屠夫,之后他弄了一辆牛车帮人拉货,诚实守信,能吃苦,收费低,得到一位农场主的信任,聘他帮忙管理橡胶园,得到赏识。农场主死后,他对主人遗孀不欺不骗,事业继续兴旺。主人遗孀为感谢他,资助他与人合资开锡矿,从此发达起来,最后成为富甲一方的企业家。你看,还是"信"字帮了他的忙。

我们熟悉的实业家陈伟南,也是以诚实守信出名的。他与广州畜牧总公司合作的现代化饲料厂,生产的穗屏牌饲料,从产量到质量获得了政府颁发的8个金奖,被《国际饲料》杂志誉为"中外合资企业的典范"。

诚信已经成为潮商的做人准则。2007年,饶平县浮洲镇浮南人林良旭刊登告示,寻找12年前父亲做生意欠下的债务人,他用自己打工的微薄收入,还清了106位债主的110万元债务,演绎了一段现代诚信故事。

总之,诚信是潮商办实业成功的法宝。前辈潮商为我们创造了"潮商以诚经商"的金字招牌,它是属于全体潮商的,绝不能让个别利欲熏心的人肆意破坏。我们只有捍卫好祖宗这块基业,潮汕经济才能沿着健康道路快速发展。

潮商成功的再一个原因是讲究人缘。人缘就是人际关系,是发展商品经济必不可少的人文环境，也是中国传统文化重要的特色之一。中国人相信缘分。缘分并不是偶然撞大运碰上的，而是以诚信、热情为道德基础的。人们把这称为道德底线。在这个底线上才能讲缘分，低于这个底线，大家就无缘可谈。市场经济中经营者与服务对象的缘分，取决于自身的素质。经营者素质好，诚信高，可以吸引顾客"有缘千里来相会"；反之，经营者对进来的顾客不理不睬，或第一口报价就不实，顾客一转身就会走掉，就叫"无缘对面不相逢"。潮商继承了中国传统文化中许多优良的传统，最善于处理人际关系。

潮商特别重视社会的和谐，因为只有"和气"才能"生财"。"社"是社会的细胞，保障"社"内民众的友好团结的重要手段之一，就是每年春节的祭祖和正月的游神。这对潮商发展市场经济意义非常重大：它给潮商经商提供了道德底线。

中国人爱讲"凭良心做事"。"良心"就是善良之心。儒家认为："人之初，性本善。"讲良心是做人的道德底线，低于这个道德底线的，老百姓就认为是丧尽天良的人，与禽兽无异，叫人面兽心。"凭良心做事"的深层含义是：在没有别人发现或监督的情况下，也不做坏事，这才叫天良；对"君子"的要求，叫"慎独"。

我们平时讲的人性包含两个方面：一种是自然人性，如对"食色"的追求；一种是社会人性，是通过社会熏陶和教育获得的。不能"慎独"，当官就会做贪官，做生意就会昧着良心办事。潮汕人做人的道德标准是讲究"礼义廉耻"，人际关系讲究"孝悌忠义"。潮商做事不主张"与人斗"，而主张"与人和"，这是市场经济需要的。中国人提倡处理好人际关系是一种自觉人生的体现，是一种哲学态度。过去许多人家中堂里挂一副对联："世事洞明皆学问，人情练达即文章"，讲的就是这种人生哲学。这是一种道德的要求，是市场经济活动中所应具有的。

中国传统文化中，整个社会的道德标准，讲究"仁义礼智信"。

这五个字也是市场经济中应有的道德标准。仁指对人要宽和，不能害人；义讲的是互助精神；礼是礼貌待客，讲究社交艺术；智是发挥商业智慧，灵活机动；信就是信用。在潮汕，凡是已经成功的企业家、事业家，无一不是坚守着这五条道德标准，我们现在大张旗鼓想恢复、重建的，仍不外是这五条基本道德标准。

做儒商，还有一个更高的道德要求，那就是要树立远大的抱负：为人类的幸福生活做贡献。做事业也好，做商业也好，赚钱只是一个手段，真正的目的应该是为社会做贡献。人类历史上涌现出许多为人类进步做过贡献的人，他们没有一个是以赚钱为动力而成功的。赚钱多，可能改变一部分人的生活数量，并不能改变人类的生活质量。只有新技术、新产品、新品牌、新理念，才是创造性的贡献。比尔·盖兹的事业推进了社会的飞跃进步，皮尔·卡丹的事业改变了人们的生活面貌。成功的潮商虽然很多，但按这个要求来比较，还有很大的努力空间。凡是有伟大理想的成功人士，他一定是以社会进步为追求目标，绝不会只是想到把事业当成自己家族的私事。不少潮商企业之所以"小富则安"，无法做大，达到一定规模后就要分家单干等，都是因为他们缺乏这种远大追求。

前人成功的经验是在实践中体会出来的，而现代企业家却是自觉地追求。有人认为老一辈企业家的成功，得益于香港的市场经济大环境。同样在中国社会主义市场经济的土壤里，只要自觉地按"儒商"标准塑造自己，照样成功起一批实业家。1971年出生在汕头市的马化腾，1993年大学毕业后，在深圳创业，以其所学计算机专业为基础，从1998年起与大学同学张志东合作，共同创办腾讯，经过18年的艰苦奋斗，资产已经超过百亿美元，一度成为内地首富。反之，如果潮商不把儒商作为自己的标准，那么天生的海洋文化野蛮疯狂的一面就会害了他。因为世界的海洋文化早已超越了野蛮时期的那些潜规则，如今已经进入规范期，容不得那些人为的潜规则。

当然，我们也不可否认在世界大潮商圈子里会有那么一些不守规矩的商人，为了牟利不择手段，但那都是特例，或许这极少的特例曾一时会给我们一再宣扬的正道潮商带来负面评价，那也只能用时间和真理去检验。

20世纪90年代的南澳

CHAPTER 8

第八章 潮商的市场环境

不同的文化类型，培育的是不同的市场观念和规则，实质上是不同性质的市场环境。

潮商与晋商、徽商等商帮不同之处，是面对的不同市场环境。

亚洲，由于雨热同期，适宜于粮食作物生长，以中国与印度为主，除明治维新后的日本外，皆属于大陆文化类型。中国历史悠久，作为强大的封建帝国，文化类型即为典型的大陆文化，经济体制是自给自足的小农经济，其市场是以物物交换为基础的。

而欧洲，雨热不同期，适宜于小麦与棉花生长，且为众多海洋包围、分割，岛屿密布，适宜于海上交通，故发育出标准的海洋文化类型。

二者的市场观念完全不同。试举数例：

对商品价值的认识：大陆文化只重视使用价值，海洋文化却开发了流通价值。从17世纪意大利人开创的集邮，到近来网上售卖月球土地、美国一寸地，到更为普及的股票、期货、艺术品、文物收藏等都已经大行其道。有时甚至完全忽视其使用价值。如第一版"猴票"（第一次猴年发行的邮票），其流通价值超过使用价值几万倍。错版钱币、停止使用的布票等，其价值也是一路攀升。如今，一条信息，一个点子，都可以成为商品。

对价格的认识：大陆文化不以成本定价，而是遵从"物以稀为贵"的原则，因此到消费者环节，老百姓买东西习惯于讲价、议价、砍价。而海洋文化习惯以制作成本加运输成本加利润定价（详见马克思《资本论》）。

政府与市场的关系：在大陆文化专制国家里，利润大的商品，官方习惯于垄断经营。从汉代起，官方就陆续实行盐铁专卖、烟酒专卖、武器专卖、粮食统购统销，直到日用品实行配给制等。老百姓无法与之抗衡。而海洋文化市场则一定要摆脱政府的干预，实现贸易自由化。这是世界贸易组织的一个基本原则。

中国的农村市场都是熟人社会，约定集市时间，互补余缺，甚至没有价格概念。至今在某些偏僻农村，农民早晨将自己家多余的农产品放到集市上，并不出售，而是用来交换。自己也不必看守，自管回家劳动，休息时来看，自家的物品换得了什么，中意便拿走，不中意就继续等待。他们并不在意谁吃亏谁占便宜，因为来这个市场的人，几乎都是亲戚，等于是一个大家庭，各取所需而已。而海洋文化市场，在商言商，价格面前一律平等。进入互联网世界，更是如此。

从本质上说，大陆文化的产品时效性长。如粮食多了，可以囤积，既可以留待荒年自用，也可以进入市场，待价而沽。而海洋文化的产品，如鱼、盐，注定就是商品，只能进入市场交换日用必需品。

最主要的区别是，中国大陆文化市场是靠传统道德的力量维系着，其保证手段是"诚信"二字，正如著名国药同仁堂的口号所标识的那样："炮制虽繁，必不敢省人工；品味虽贵，必不敢减物力"。

而海洋文化市场，由于参与者国家不同，民族不同，信仰不同，各自有不同的道德标准，无法以道德规范市场，则是靠"契约"精神

20世纪90年代的南澳

维系，其保证力量也只能是利信，而不是诚信。

自古以来，中国商人面对的一直就是大陆文化市场，依靠的力量是官府权势。晋商最兴旺时期，正是慈禧太后离京逃亡途中，得到晋商接待、支持，日后回报给了许多特权。这些特权随着清廷的覆灭而消逝。徽商依靠的也是江南为朝廷供奉的差事，本身就是官商。

潮商所面对的主要是19世纪开始兴旺起来的东南亚市场，被迫遵守的是海洋文化市场规则。因此，只要有市场，潮商就如鱼得水。

譬如，潮商是最早认识商品流通价值的。明代正德年间，潮汕就曾经发生过"鸽变"，即人为地炒卖鸽子牟利。据明代人陈天资于明万历二年（1574年）所编《东里志》记载：

> 奸商合伙二十余人，挟赀千万两，驾言镇守府买禽鸟，分为二伙，……尽买之。或转卖与其徒，或得数十金，及增至百金。市民炫惑，以为可得利而趋之，……至有破产亡躯，驰骛于江、浙、湖、湘之间，以营之者。

这种商品经济的炒作，就是中国海洋文化的最初演习。商一旦离开了海洋文化的市场准则，也必定会遭遇失败。改革开放后，一些潮商进入国内市场，钻了市场监管不力的空子，也学会了攀附权势，行小贿而获大利，最后东窗事发，自取受辱。中国改革开放后，整体转向市场经济，但习惯势力与思维定式很难转换，大家还总想以道德去规范市场，难免不碰壁。所以必须树立海洋文化的契约精神，而且必须以强大的国家力量保障"利信"机制的执行。

中国外逃的贪官和不法商人较多，就是因为从前过于相信他们的虚假道德誓言，而不是认真保障各种契约的施行。现在动用国家力量不断地从境外缉拿这些人，就是对市场经济秩序的真正维护。

CHAPTER 9

第九章

潮商与「海盗」

"海盗"一词，是中国正统史书对一切海上非政府武装势力的称呼。但细究其内涵，却颇为复杂。"海盗"的本义，应该是"海盗行为"的执行者。国际上对"海盗行为"的英文是Piracy，其正式定义是："指出于私人动机，未经国家授权，在不属于该国正常管辖范围之内的海上或空间所采取的任何抢劫或其他暴力行动。海盗行为一直被认为是违反国际法的罪行。"［《简明不列颠百科全书》（中文版）第三卷，中国大百科全书出版社1985年版，第627页。］

《联合国海洋法公约》中关于"海盗"的内容如下：

第一〇一条　海盗行为的定义

下列行为中的任何行为构成海盗行为：

（a）私人船舶或私人飞机的船员、机组成员或乘客为私人目的，对下列对象所从事的任何非法的暴力或扣留行为，或任何掠夺行为：

（1）在公海上对另一船舶或飞机，或对另一船舶或飞机上的人或财物；

（2）在任何国家管辖范围以外的地方对船舶、飞机、人或财物；

（b）明知船舶或飞机成为海盗船舶或飞机的事实，而自愿参加其活动的任何行为；

（c）教唆或故意便利（a）或（b）项所述行为的任何行为。

这就是我们现在称为"刑事犯罪"的海盗，可以说是属于"恐怖分子"系列。考之中国史书所谓之海盗，似乎并不都符合这个定义，更多是带有感情色彩的贬义泛指。这种称呼，相当于16世纪中叶西欧出现的"海上乞丐"，指的是尼德兰资产阶级革命时期，由渔民、水手和码头工人组成的海上游击队，经常驾驶轻便小船袭击西班牙侵略军。

外国历史中还有一种所谓的"海盗"（Buccaneer），是一个特指，是对17世纪下半叶活跃在加勒比海地区和南美洲太平洋沿海一带私掠船员的称谓。1689年大同盟战争爆发以后，他们都成为合法的武装民船船员。他们的首领有的还被英国封为爵士。Buccaneer意义上的海盗活动至此告终。从此，"海盗"一词已经不具有贬义。所以，美国于1975年开始向火星发射的行星际探测器系列就命名为"海盗号"。

"海盗"在中西的不同含义，源于大环境文化背景的不同。在欧洲中世纪以后，以地中海文化圈和英国北欧文化圈所代表的海洋文化一直占据着主体地位，其影响之大，足以覆盖整个欧洲。海洋文化的初期自发阶段，就是海盗主宰的世界。他们以武力远攻近伐，四出殖民。他们的海盗行径为历史所否定。但他们的传奇生活粉饰了他们的罪恶，他们的坚毅掩盖了他们的残忍。他们的事迹为人津津乐道，这虽然是一种"强盗的逻辑"，却是有目共睹的事实。而在古代以中国为中心的亚洲文化圈内则正相反。"海盗"始终是一个贬义词。因为中华文化始终是以大陆文化为主导的。中国的海洋文化一直被研究者所漠视和抹杀。日本则是从明治维新开始，由以东方大陆文化为师转向以西方海洋文化为师，甚至连过年都从中国的春节改为公历的新年。这是一个明显的标志性符号。

中国史和潮汕史研究中，"海盗"一词多数具有道德意义上的贬义，由此削弱或掩盖了对海盗史实的客观研究和公正评价。

潮汕地区濒临东海和南海，历史上长期与东南亚地区有密切交往，又处于台湾海峡的关键位置，自然成了古代海盗频繁活动的地带。在古代中国长期的闭关自守的封建时代，统治者基本放弃对远海的管理。惊涛诡谲的海域就成了突破体制人群的自由天地。而且由于有广阔的海域作后盾，潮汕地区在古代的农民起义不断，但是很少有震惊全国的大举动，多是仓促举事，也是因为有恃大海而无恐的缘故。失败了，就逃向大海。

在海上讨生活的，不一定就是海盗，有捕鱼、晒盐、运输、贸易等。但在历史典籍中，历代记载的多是海盗活动，在海盗记载中，又多是其破坏性的一面。如此，"闽粤海盗"似乎被永远地钉在历史的耻辱柱上了。鉴于此，有关"海盗"的许多问题，都有重新厘正之必要。

中国人是最早开发海岛的。早在8000年前的新石器早期，在潮汕的南澳岛上就已经有人类活动的痕迹。至于像台湾、海南、舟山这样的大岛，很早就纳入大陆文化的体制范围内，开府设县，经之营之。

在中国古代的典籍中，从来看不到"海洋文化"的提法，因为历代都是以大陆文化思想为核心的，已经形成了强大的文化势力，并且以其强大的惯性左右着人的思维。

秦始皇统一六国后，曾经到泰山封禅，并且"东临碣石，以观沧海"，遥望大海，无边无际，认为那就是"神仙"所居，而非凡人所能管辖之地。从此，历代君王便继承了这种"海外非吾地"的观念，疏于对海洋的管理。魏晋以后，虽然近海岛屿多已被开发，但封建王朝的最高统治者仍然将其视为麻烦之地，动不动就采取"禁海""封海""清海"的政策，使得海岛居民几无安定生活。

占据主流势力的大陆文化，甚至形成思维定式，封建统治者对在海上讨生活的人一概名之曰："海盗"。尽管如此，居住在南海、东海的沿海民众却一直都在从事海洋生产。

潮汕海上交通之始，记载于汉武帝元鼎五年（前112年），东越王余善反，朝廷"以卒八千，从楼船将军击越，至揭阳，以风波滚浪为懈，不行，遂反"（《东里志》卷二）。汉安帝永初三年（109年），"遣御史庞雄讨海寇张伯路等，平之"（《东里志》卷二）。这是最早与"海盗"战斗的记录。

隋炀帝大业四年（608年），隋炀帝派虎贲郎将陈棱、张镇州率兵万余，从潮州出发征琉球，同时开辟了对外贸易通道。

唐以后，潮州就成为东西方贸易的重要商港。柘林湾、程洋岗、樟林港、南澳、庵埠、鸥汀、沙汕头、达濠等，先后成为潮汕地区的对外通商的口岸。尤其是民间贸易始终未断。

明清时期，海上武装割据势力日众。封建帝国对于海上贸易天然地予以排斥，甚至不惜采取以人工填塞海港的措施。据《东里志》载："南澳惟深澳内宽外险，有猎屿、青屿环抱于外，仅一门可入。而中可容千艘，番泊海寇之舟多泊于此，以肆劫掠。嘉靖末年，有建策以填其门者，费官帑几十万，竟难就绪，乃诬东界之毁其成，以激司道之怒几至大变云。盖此澳之深无底，填之不过以船装石，插以木沉之，木架既高，复插以木，而填石于上，遂谓之塞满。初不知海水之波涛难驭，日夜播荡，则船翻于底，木随倒仆，而门开如故矣。"这是典型的以大陆文化思维管理海洋文化的例证。

明初，潮汕一带受倭寇侵扰。以日本浪人为主体的倭寇，一面在中国沿海做生意，一面掠夺，甚至一度盘踞南澳为据点。1561年，倭寇攻陷饶平黄冈大埕所，沿海骚扰彩塘、庵埠、蓬州。1564年，明代大将俞大猷率军歼灭倭寇4000多人，驱逐倭寇于海上，后被飓风溺毙。

清雍正元年（1723年），朝廷为了抵御海盗，亦便于海上船只管

南澳金银岛

理，实行编号登记制度，规定各地船只均需在船体两端头尾及大桅杆上半截用油漆涂上不同颜色，并刊刻某省某州县某字号。浙江白色，福建绿色。广东地处南方，南方属火，故应该以"红油漆饰，青色勾字"，根据潮汕民间习俗，还要在船头两端画上两个大眼睛，以求在海中不迷航。从此，潮汕便有了"红头船"的称谓，红头船成为沟通国际贸易的重要载体。

清道光年间，揭阳广美村商人黄朝纲、黄肯堂，各置一艘四帆呷板货船出海，装载夏布、蔗糖等潮汕土特产北上上海、天津、北京销售，返程又带回北方药材、干果及土特产。黄肯堂的侄儿黄思敬后来开始把潮绣推销到上海。黄愈逸则开始了南洋贸易，他的"南春号"货轮，直接开到缅甸仰光、印度加尔各答，并且设店经营。从此，广美村人多走上了外洋贸易的致富道路。

中国的"海盗"问题十分复杂，封建王朝以"海盗"之名，概括所有的海洋文化人群，其荒谬可想而知。然而后世的一些研究者竟然沿用这种说法，甚至发明出"海盗经济"的名词来叙述之，皆为不深入分析之故。

史籍中指的"海盗"，其中一类，是封建时代海上的反抗势力。如明末清初雄踞海疆的朱阿尧，就是饶平海山岛的抗清领袖。他青年时以贩盐捕鱼为生，为人仗义执言，见义勇为，深得乡民信赖。明亡后，他招集乡民，以海山岛鲤鱼山为基地武装抗清，失败后率余部投郑成功，被封为右协水师都督，后在驱逐荷兰人、收复台湾的作战中勇担先锋，立下战功。朱阿尧与郑成功在清朝官员看来，自然就都成了"海盗"。

再如，清嘉庆十五年（1810年）轰动朝廷的潮州"二林（林泮、林五）案"，其所反映的实质，就是官、商、匪之间的利益博弈关系。商船为了维护自己的安全与利益，以向海盗缴纳保护费换得安全，有时甚至要替海盗销赃，同时又要时刻受到官府的勒索，如果无法满足官府的私欲，则会以"通匪"的罪名予以查办。

真正的海盗为了争利，很少主动攻击官府，官府则与海盗玩"猫捉老鼠"的游戏。就连屡剿不尽的倭寇，其中有的也是本地人，船只到日本注册，打着"倭"旗，行走私之事。他们与朝廷"打游击战"，所以很难根绝。

在潮汕各地方志书中，记载了大量各地海盗作乱的事实，至于其真实性就很难分辨。仅以清人王岱纂修《澄海县志》所载为例，其所列元明海盗首领就有陈懿等五兄弟、魏荣辉、吴平、许栋、许朝光、魏朝义、陈世荣、曾一本、林道乾、许瑞、林凤、朱良宝、褚绥、李芝奇、黄海如，清朝则有陈斌、唐奇观、丘辉、魏五澄等。

真正的海盗，是指那些刑事犯罪分子。他们不区分善恶，以暴力为手段，唯利是图，杀人越货。

中国古代的海洋确实存在过海盗，其中有的还被倭寇所利用。

靠海洋生活的人，原本有多种职业，包括捕鱼、晒盐、采珠、运输、贸易，至现代则有打捞、海洋勘探、水下考古、潜水运动等新名堂，海盗仅是其中的一种行当。其中的"贸易"占很大的比例。但贸易在不同时期有不同的政策。当朝廷允许对外贸易的时候，他们就是合法的海上贸易集团；当朝廷实行"海禁"政策的时候，他们的贸易就成了非法的，就叫作海上贸易走私集团。这些贸易集团出于自卫的需要，在冷兵器时代，都会预备一些自卫的武器，朝廷因此就会称他们为"海盗"。事实上他们与真正的海盗是根本对立的，因为他们是海盗烧杀抢掠的主要对象。商船装载货物，更不愿意与海盗结盟，因此把这势不两立的利益集团混淆为一体，实在是天大的笑话。

海盗拦截抢掠的商船主要是由南洋归来的船只。原因有四：

第一，南洋归来，说明已然获利，有硬通货可供抢劫。

第二，归来船只所载皆南货，奇货可居，易于转手；而南下所载唯瓷器、土物等，难于处理。

第三，船只北行，逆风冲浪，且满载货物，速度不快，易于得手。

第四，距离海盗根据地较近，易于藏匿。

而穷苦的渔民，身无分文，满船鱼虾，海盗得之无用，劫之无利可图。故渔民与海盗可以和平共处，必要时，还可以成为海盗的后备军。他们常常亦盗亦民，官兵来，则打鱼，官兵走，则行盗，故倭寇剿灭有时，而海盗极难消尽。直到热兵器出现后，屈于现代国家威慑力量，在中国沿海海盗方绝。

蓝鼎元著《鹿洲公案》中就记录了两类海盗的典型案例：一类是贫民组成的海盗团伙。

雍正五年（丁未年，1727年），潮阳县陇头乡（今普宁县军埠镇北）民林阿任，绰号"林老货"，因家贫米贵，九月初七往麒麟埔圩买米，遇洪伯丰、蔡阿京、黄吕璜。洪伯丰提出不如一起出海去劫掠米船，既可发财，又有米吃。大家赞成，便分头集聚人员。每人自取绰号。洪伯丰自称赤须大哥，许阿光绰号上海客，又称偷食油鼠，达濠人。侯阿舜绰号侯大汉，侯阿朝绰号阿肥，潮阳和平镇人蔡阿京绰号耳聋京，王阿熊绰号粪桶公，李阿完绰号李十二，萧旭友绰号大肚，惠来神泉人郑阿顺绰号杜猴顺，潮阳人苏阿佑绰号老七，揭阳棉湖人黄阿凤绰号陈阿泼，郑旭卿绰号郑阿清，杨阿勇绰号文莱薯，高阿权绰号权师。此外还有高阿童、郑阿清、郑阿凤、王阿贵、蔡阿发、李阿元、陈乌卞、孙阿尾、黄阿九、吴大英、陈阿阳、庄阿耀、刘阿应、卢阿利、李武臣、单鞭、皂隶、二十三仔、吴阿来、黄阿德、吴陈盛、袁阿仁、老二猴、姚阿禄、林阿佑、洪美玉、林阿才、林阿皆、黄吕璜等，共计43人。林阿凤为后勤服务人员。由洪伯丰、黄吕璜负责购置军械枪刀盾棍大炮火药等武器，黄吕璜所诱一顽童郑阿尊也被带上船。

传说为南澳古代海盗的"剁人石"

九月十一晚，大家在老货家对面南径山会齐，山多林木，众人以此为基地，由老货的弟弟林阿凤往山上送饭。第二天夜晚，到达桑田的凤胆山（今属潮阳河溪镇），这里地处牛田洋西岸，藏石洞内一日。九月十三晚上，夺取牛田洋边运送贝壳的空船，划出海上，直奔台湾方向。十四日在花屿（今澎湖列岛西）洋面劫夺郑财源、郑广利的缯子船二只，将原来船扔掉。十五日到达福建将军澳抢夺了一条运载咸鱼的红头船。十七日又在井尾洋面抢夺吴德隆的运盐船，将盐全部抛进海里，强迫缯子船中水手杜阿利在盐船上相助驾驶，后来杜阿利借上岸取水之机而逃脱。九月二十四日，在广澳洋面劫夺林有利等杉木船，也将其杉木抛下水。林老货等22人乘此船。黄吕璜等21人乘坐原来盐船。当晚遇海上大风，两船被吹散。黄吕璜的船风篷破损，粮食断绝，于十月初四漂到惠来香员澳，将武器沉到水里，弃船登岸，各自作鸟兽散。黄吕璜倾跌坑沟，僵冻而死。另外一船于十月初十，在惠州金屿洋面又抢夺缯子船二只。十五日在海丰下湖东洋面劫夺陈元魁糖船；二十五日，在陆丰碣石与官兵相遇。交战中，洪伯丰等6人被官兵炮火打死，尸体用船上布匹包裹投入海中。至二十八日，到达深圳大鹏湾附近，决定散伙登岸。

最后除死亡8人，以及黄阿德一人逃脱外，尽皆在沿海各地被缉拿判罪。审讯中方知，他们抢夺船只的主人郑财源、郑广利、林有利、杜阿利等尽皆相识，可见作恶之劣。

这个海盗团伙前后活动不足两个月，却足以说明在海洋文化地区这种犯罪之随便。蓝鼎元曾任普宁、潮阳县令，对此他感慨道："洋盗，故惠潮土产也，其为之若儿戏焉。三五成群，片言投合，夺取小舟，驾出易大，习为固然也久矣。"

另一类是地方豪强自己豢养的武装势力。

《鹿洲公案》中记载了潮阳仙村（今贵屿附近）的恶霸马仕镇，"生而有盗行，慕柳跖、宋江之为人，招邀匪类"，其中就有"驾舟逐流,载私鹾、攘客货于水者",其实就是海盗。清康熙四十三年(1704年),马仕镇捐资得了个"太学生",横行乡里,常常驾舟出海,抢掠四方商贾,虽"经十方捕缉三十四年弗能获",可见其势力之大。

海盗头脑中没有国家以及行政区划概念,广阔的洋面就是他们驰骋的舞台,在冷兵器时代,有的亦渔亦盗,失败了溜回家中,得势时则横行海上。他们远离主体文化的教育体系,缺少"忠孝节义"等大陆文化的道德观念,行为趋利而行,不顾道义。据《科学大观园》杂志何书彬文章透露:"在两次鸦片战争中,都有众多的中国民众为英军以及后来的英法联军服务,他们为这些'夷人'提供后勤,刺探情报和引路,甚至直接参与作战。这些援英者被斥之为'汉奸'。"又称:"在第一次鸦片战争时仅三元里一地就有1200名援英者被搜出,这个数字要远远超过丧生三元里的英军数量——《南海县志》称毙敌十人,而英军司令卧乌古的报告是5人。"这些"汉奸"多为商贩和疍民。(转载自何书彬:《鸦片战争中的奸人们》,《科学大观园》2011年第16期,第28—30页。)

这种情况说明,自发的海洋文化本身,就是产生海盗的温床。"商贩和疍民"在大陆文化中处于被歧视、甚至被抛弃的地位,一有机会,自然就想拼死一搏。封建时代的统治者只能以武力镇压,是不可能从根本上解决问题的。

其实在海上分辨海盗船与贸易船并不难。因为贸易船往来都要载货物,船大,行船平稳,吃水深,速度慢。海盗船,小而空,速度快。由海盗转为贸易者有之,而由贸易者转为海盗则少见,除非其破产之后,那时也就失掉贸易者的资格了。

在舟山群岛以北,由于缺少远海海岛,海盗无根据地盘踞,古代亦较少海盗。偶尔有不为大陆体制所容纳者,也往往是"泛舟海上,不知所踪也"。其中大部分越海至日本及朝鲜半岛而已。舟山群岛以南,蜿蜒至澎湖、台湾、南海诸岛,远至菲律宾、爪哇(今属印度尼西亚)、苏门答腊(今属印度尼西亚),海岛礁石密布,均为海盗盛行之地。而靠近大陆的象山、台州诸岛、洞头、海坛、湄州、厦门、金门、东山、南澳等,就成为海盗的首选之地。而靠近这些地方的港口,如宁波、台州、温州、福州、莆田、泉州、漳州、潮州,则是古代海外贸易集团的基地与商船进出港。海盗与贸易集团相傍相生,鱼龙混杂,使得海洋文化研究十分复杂。特别是当他们合二为一的时候,真相更难以厘清。当海盗势力强盛时,他们会直接从事贸易,转业为海上贸易武装走私集团,得利甚为丰厚。

台湾海峡成为南北海上的交通要冲,地处闽粤交界的南澳岛就成为扼守此要冲的咽喉之地。宋元以后,南澳成为海盗与贸易走私的重要基地。明、清以后在此设立总兵府,管辖南海事务。前后总计有148位总兵在此任职。此前,张琏、林凤、林道乾、吴平等均曾以此为基地,此外还有曾一本、许朝栋等大的海盗集团,势力直达南洋各地。例如,张琏于1561年在饶平武装举事,不久即发展到10万之众,先后攻陷福建平和、云霄、龙岩等地,因官府围剿甚烈,只好下海泛舟南洋,夺占苏门答腊,自立为"国王"。明朝倭寇侵扰时,常与沿海海盗联手,一时海盗与民众无法分辨,官兵在围剿中难免玉石俱焚,如广东总兵俞大猷1564年就在潮州沿海剿灭倭寇4000余人。第二年戚继光又率兵3000人,攻陷南澳吴平寨,"俘斩倭匪三千余人",其中皆不免有冒功成分。次年海上另外一个首领林道乾即率众到达柬埔寨、暹罗等地,并以暹罗北大年港为基地,改称"道乾港",可见势力之大。1574年,又一海上武装集团首领、饶平人林凤到达吕宋岛(今菲律宾),在马尼拉曾与西班牙人作战,后回潮州出没于柘林、靖海与碣石之间。直到明朝末年崇祯时期,尚有海盗乘80多艘船只袭扰揭阳城的记载。揭阳人郭之奇组织民间军民拼死抵抗。类似资料在明万历人郭子章《潮中杂纪》中有《国朝平寇考》二卷,简要记之,可资参考。

海洋文化研究的文献资料太少,更多的则依赖于考古资料。而海上活动的群体几乎都不重视文字记载，研究者必须在民间传说故事中梳理真相。我在厦门附近的长泰天柱山上，发现了易于隐藏的山洞，因为靠近海滨，洞中巨石上还清晰地刻着明洪武元年（1368年）留下的13个人名，估计就是起事者的盟誓所留。在潮汕曾经有海盗活动的地区，有几处流行的海盗藏宝的"秘诀"。流行最广的是南澳的藏宝秘诀："潮落淹三尺，潮涨淹不着。"这是句听起来反常理的话，至今无人能解密。潮汕有一个青年研究者丁烁，笔名"青蛙探险"，也曾经在近海的山区里，搜寻到刻有"藏宝秘诀"的石头，上面的刻字依稀可辨。其一是：

鹰鸟石，池仔边。
翻身一箭地，藏有三鼎银。

另外一处石头上，则刻着"止大（火）人已氏"几个字，右边还有字，已经风化，漫漶不清。在这石头附近还有一块天然岩石，刻着七八个只有偏旁部首的字。他们介绍给我，并且手绘了地图。应该也是与海盗藏宝有关。

此外，海底考古也成为获得真实史料的重要途径。据估计，在中国海域的沉船有2000艘以上，而在南澳航道要冲上就有200多艘。2009年，南澳渔民在南澳"三点金"海域发现了海底沉船，这是继广东阳江"南海1号"整体打捞成功后的又一次海洋文化研究的新发现。国家决定对命名为"南澳1号"的沉船进行水下考古发掘。2010年和2011年夏，中央电视台对在南澳海域发现的海底沉船"南澳1号"的考古工作向世界范围进行了多次现场直播，其意义十分重大，不仅鼓舞了海底考古的信心，更使中国人得到一次深刻的教育，面对我国领海丰富的资源宝藏，我们一定要像保卫国土一样，保护好祖宗留在水下的遗产以及海底宝藏。中国人丝毫也不逊于别人。

CHAPTER 10

第十章
潮商与红头船

潮商与红头船是天然地结合在一起的。因为做生意也好，办企业也罢，都离不开运输与交通工具。潮汕地区地处海滨，水网密布，桥梁众多，交通均依赖船只，自古以来就没有畜力车的概念，亦无车马之属。海洋文化地区的交流，更是非船不可。

"红头船"之名，始于清代。但作为船体、船型，古已有之。其最盛在澄海樟林，然非樟林所自专，乃泛指广东之出洋帆船也。

清初，盘踞于台湾的郑成功反抗势力，不断对沿海进行骚扰，朝廷继续对海上贸易严加控制。清康熙年间，为了断绝陆地对台湾郑成功的支援，一度采取了"斥地内迁"的政策，使得澄海、潮阳等沿海地带迁人烧房，经济发展严重受挫。加上动荡时期，涌入大量北方移民。本地地少人多，无法解决粮食问题。"土田所入，虽有大年，不足供三月粮。"（嘉庆《澄海县志》卷十三）至清康熙二十二年（1683年），盘踞台湾的郑成功的孙子郑克爽投降清朝，解除了东海的敌对势力的威胁。清廷便于第二年解除了实行22年的"海禁"，允许船只往来与内地运输，从台湾、厦门等地往潮汕运输大米。后来，康熙皇帝听暹逻贡使说，"其地米甚饶裕，价钱亦贱，二三钱银即可买稻米一石"（《清实录·圣祖实录》卷二九八）。于是，从康熙六十一年（1722年）起，开始鼓励从暹逻进口大米。本年清政府要求暹逻官运30万石米到福建、广东、宁波等地贩卖，给予免税的优待。（《清实录·圣祖实录》卷二三二）清雍正二年（1724年），暹逻运米到广东，清政府令地方政府按时价买卖，不许行户任意压价。压船随带的货物，也一概免税。（《清实录·世宗实录》卷二十五）雍正六年（1728年）重申"米谷不必上税"（《清实录·世宗实录》卷六十六）。雍正七年（1729年）准许各省商民和闽省一样到暹逻贩米。(《清实录·世宗实录》卷八十一)清乾隆八年(1743年),朝廷规定"带米一万石以上者,著免其货税银十分之五;带米五千石以上者,免其船货税银十分之三"(《清实录·高宗实录》卷二〇〇)。乾隆十一年(1746年),对载米不足五千石的,也免其船货税银十分之二。(《清实录·高宗实录》卷二七五)乾隆十六年(1751年),决定对运米二千石以上者,赏给顶戴。(《文献通考》卷二九七、四一五)乾隆二十八年(1763年),奖给运米船商蔡陈等九品职衔。(《清实录·高宗实录》卷六八七)

在朝廷的鼓励下,从国外进口粮食的民间贸易风起云涌,不可阻挡。巨大的利益,也引起了职业海盗的觊觎。朝廷除对外来船只严格盘查外,更加强本土船只的管理,以此切断海盗与陆地的联系。为此,采取了下列措施:

第一,对船户采用编甲互保的办法进行控制。据《清实录·高宗纯皇帝实录》载:

> 乾隆十八年(1753年)二月丙辰三十日广东巡抚苏昌奏:粤东濒海依山,民多狂悍。……广、惠、潮、肇、高、雷、廉、琼八府,海疆口岸甚多,拖风渔船久站洋面,难免无抢劫商旅之弊,应照保甲例,十船编为一甲,连环互保,地方官每月查点一次,站洋者严押船主保甲,克期寻归究处,徇隐一体连坐,为匪十船并治。以上次第兴举,不任阳奉阴违,亦不致进锐退速。
>
> 得旨:二语得要,仍应实力行之。

第二,加强了对造船、行船等环节进行审批、登记、发牌、稽查。为了便于海上的船只管理,限定各省船只的活动范围。早在康熙五十三年(1714年),朝廷同意江苏巡抚张伯行的请求,将商船与渔船分别标识,在船上明显地方标识"商"或"渔"字样,并且在旁边写明省州县的编号及船主姓名。另发船主腰牌（相当于身份证），检验时，必须人船两符，方准放行。而渔船出港时不得装载粮食，归来时不许携带货物。违者治罪。

这一套办法行之有效，到雍正元年（1723年）七月二十一日，朝廷正式行文，限定各省船只都要在船头和主桅杆的一半处，用油漆涂上特定颜色，船的两侧用规定的颜色勾字，刊刻该船所在的省州县字号，以便识别。清廷以此"咨会福建、浙江、江南（指江苏）督、抚、提诸臣，各遵谕旨油饰标记"，强制执行。因广东在南，南方属火，用色为赤，赤即红色，应用"红油漆饰，青色钩字"（青指黑色），俗称"红头船"；而江苏在其他三省之北，北方属水，以"青油漆饰，白色钩字"；浙江为"白油漆饰，绿色钩字"，俗称"白艚"；福建则为绿色，"绿油漆饰，红色钩字"，俗称为"绿头船"。从此，"红头船"之名流传于世。潮商又在规定之外，在船头画上两只大眼睛，使得红头船尤如海中大鱼，预示不会迷失方向。此俗保留至今。

"红头船"的正式名字是"行舶艚船"，简称"舶艚"，另有俗名叫"蛤板船"。老华侨则称之为"红头蛤板"或"大八桨"。本地人则称为"洋船"，指其为出洋所乘。泰国人则称红头船为"三抛"或"达抛"，"三"指红头船有三个桅杆，"达"是眼睛的意思。而"抛"是"波"的音译，表明是乘风破浪而来。

不过后来朝廷发现这种办法效果并不明显，因为很容易被真正的海盗"套牌"盗用，远望之时，很难辨别真伪。所以到乾隆时期对此要求已经不严格了，至嘉庆时期粤东"商船无编号可查"（《清实录·仁宗实录》卷一五七）。其他各地船只逐渐放弃，但唯有潮汕船只，族群的凝聚力和超强的团结精神，使得他们继续保留红头船的传统，这对于潮商在海上的识别、帮助、救助，乃至共同对敌，都起着重要作用，因此一直保留至现代，成为潮商船只独特的识别标识和美丽的装饰。

红头船的对外贸易大约兴旺了半个世纪，虽然获利颇丰，但经营的风险太大，不仅时刻要在惊涛骇浪中搏斗，更有强大的人为障碍，远甚于风浪。

此种情况，促使红头船主改变经营方式。有远见眼光的商人，如澄海的陈黉利家族的创始人陈焕荣，就开始谋划"舍船上岸"的策略。鸦片战争后，香港成为英国的殖民地，陈黉利家族在此做起了转口贸易。不久，新式的火轮船引进东方，很快就取代了红头船的地位，成为国际贸易的主要工具。红头船只能萎缩在内河或近海地区活动，逐渐退出历史舞台。

到19世纪后半叶，港口已经由樟林转到汕头的妈屿岛。出口的主要商品已经改为劳动力，贩卖人口，其利更大。据记载，1852—1858年仅仅6年间，从妈屿岛被抢掠出洋的华工就有4万多人。妈屿岛海滩被抛弃的华工尸体就达8000多具，因跳海逃生而死亡者，尚不在内。

红头船贸易，至清末已呈衰落之势。据时人陈汰余所记曰：

> 咸丰之世，红头船即洋船改变为甲板船，不多时又由甲板而变为火轮船，樟林口岸无形中移出沙汕头。不特发洋事业停歇，至同（治）光（绪）时，东面海成沙田，港内出海不止十余里路，羁绁牵罥事业，且让南澳、柘林、海山，乡中只有少数贫人只身持蔚于海滨而已。然轮船往来，波涛不惊，航海无阻，乡人出洋者日众，发迹遐域者各社有人，南洋群岛实际为我樟林殖民矣。（陈汰余：《樟林乡土志略·乡民生计》，转引自汕头市政协学习和文史委员会、澄海区政协文史资料委员会编：《樟林古港》，香港天马出版有限公司2004年版，第189页。）

谢雪影编著的《汕头指南》亦记载：

作者获赠的红头船模型（李翠微 摄）

　　潮梅人士之出洋经商者，先乘篷船到汕等候，探确船期，始在大峰祖师庙前改乘小艇到妈屿，候蓝船（即大帆船，船舷油蓝色，俗称大眼鸡）抵步。乘风起航。其航线有三：一往暹罗、安南（今越南）、新加坡。二往漳州、泉州、福州、温州、上海、芜湖、汉口。三往神泉、甲子、汕尾、香港、广州。迨同治六年（1867年）始有汽船开驶来汕。其时德国新昌洋行、美国德记洋行太古、怡和等，皆有轮船往来，湾泊于汕头海面，而妈屿乃成为过去之陈迹矣。（转引自郑可茵、赵学萍、吴里阳辑编点校：《汕头开埠前后社情资料》（潮汕历史资料丛编·第7辑），潮汕历史文化研究中心、汕头市文化局、汕头市图书馆2003年，第217页。）

　　新中国成立，改革开放后，在汕头市海滨港口区新建了客运大楼，开辟了通往香港、上海、广州等定期航线，直至空中航运、铁路、高速公路将运输速度大大提高后，轮船客运才宣告结束，转而专门执行货物运输业务。

CHAPTER 11

第十一章 红头船是潮商现代化的起点

红头船是潮商文化中海洋文化的最早细胞。它相当于一个小型现代化企业。

红头船盛行于明清之际，因此其经营管理，必定吸收了那时的先进经验，包括郑和船队的海上航行经验。它既不同于埃及法老时代的奴隶制管理，也不同于郑和时代的封建专制式的管理。

红头船需要众多有经验的员工共同努力，才能保障行船的安全。红头船上任何一个岗位的成败，都直接关系到全船的安全及整体利益。因此，员工的团结一致和极端负责任的精神，就比什么都重要。那种"打工混饭"、不负责任的心态，是红头船安全的大敌。

为此，红头船找到了新的管理模式。

首先，将使用权与所有权分开。船只所有权归船主。具有一艘船的，称为船主，两艘以上的称为船垄（相当于船舶公司）。船主和船垄主，提供船只给船长使用，从中提取利润。船主和船垄主一般不参与行船，而是将行船的指挥权交给有足够经验的船长——俗称"出海"去执行。

红头船造价昂贵。因此，除了由富商巨贾独资拥有外，也有合资经营的，由一人牵头，招人合股，集资造船。船造好后，承包给他人运营。船的股东仅在全船贸易收入中抽取30%左右的利润。有钱的大商人都不愿意自己下海吃苦冒险，他们更愿意与中小商人合作，自己出船，由中小商人出海经营。

海上航行要冒风浪与海盗两重风险，一般采取借船出海，即安全回来，获利后再付船的租金。一旦船破人亡，租金一笔勾销。这叫"洋船债"。澄海最大的船主叫蔡彦，是程洋岗人。蔡彦名下至少有6艘大船，此外还有专门用于糖业运输的"成记""加合"等专业船只，形成巨大的势力。他所经营的"隆盛号"船垄，在今樟林南社港嘴，名"藏资楼"。其属下的船只被老百姓称为"铁甲万"（保险柜），比喻其实力雄厚，安全保险。

蔡彦之外，还有万兴、万发、万利、万昌等船垄，势力也颇为可观。如澄海城西"五马垂芳"府的主人陈颖发、陈时谦父子，以红头船起家，清乾隆二十年（1755年），黄河水灾，陈家一次就捐银千两。其他如杨、洪、许、张，亦各有崛起。有名的红头船亦有名号，如蔡万利号、永昌号、和裕号、美芝号、和春号、福顺号、玉顺号等，都享有很高的信誉度，很受船长们欢迎。

这样，船主、贩商与船长水手形成了商业伙伴关系，以契约形式确认。船主从中小贩商的商业利润中抽取商银，抽取程度按盈利大小计算，多赚多抽，不赚不抽。

其次，采取资本和劳务合营形式。按责任之大小，确定岗位责任制，明确指挥关系。经营则采取股份合作制，风险共同承担。当然也有的是船老大发财后，自己直接当船主的，这种情况很少。他们宁愿挣"技术"钱，而不必投入资金冒险。

船上最高指挥是船长，叫"出海"。船长是船只的最高负责人，也是财务的掌管者。他不仅需要丰富的航海经验，更需要有强壮的体魄和果断的性格。

船上的二把手是大副，即舵公，负责掌握正确的航行方向，控制和顺应风势的方向。那时除了有简易的罗盘外，几乎没有任何可以依靠的仪器，没有精确的航海图，更没有海上定位系统，一切只能靠直观的经验。最可靠的是晚间的星象，但在每个大副心中都藏有一幅无形的航海图。在海上航行的人，不仅能靠星象确定方位，同时还以此确定时间。每个大副都有自己的航行路线图，一个岛礁，一群海鸟，一种气味，一种温度，都能提示他到达了某个地域。这种本事全靠在海上长期经验的积累，也是他赚钱的资本，不会轻易传人。

船上的三把手叫押班，现代叫水手长，直接管理舱面上的事务。

本人需要具有爬上桅杆、整理帆索的勇气和技术。三帆虽然各有负责人，但在暴风雨中要想拉动一面船帆，并不是一件容易的事，往往需要几个人同时搬动绞盘，这时就需要水手们合力完成。需要升降另外一个帆时，大家再集中到另外一个岗位上。押班立在将军柱上指挥，一般只发出指令，不亲自动手。他需要时刻掌控全局。在大副发出指令后，由押班直接调动水手行动。如果遇到不能抵抗的台风，则必须落下全部风帆，甚至需要砍断桅杆，才能避免船只倾覆。这需要由船长下决心，由押班执行。风暴过后就只能任船漂流，听天由命了。

此外还有各部门的责任人，如买办、押客、收数、管货、司帆等，总计二三十人。各司其职，各自管理手下的一般船员、杂工。总数可达百人。

有了这样明确的等级定位，才能保证临危不乱、处理事务有条不紊。这就是最早的岗位责任制。为了显示这种明确的指挥等级，在船上最先实行了等级标识。在袖口上以不同的条纹来作标识，袖口上"杠杠"越多的，级别越高，逐渐形成各国各地的共识。这样就有利于相互之间的交往，在紧急情况下，很容易就能区分出谁是负责人。

最后，在管理上采取股份制。在船中留下100担的舱位，给船主装载自己的货物。其他头目，包括水手根据自己在船上的地位，也能占有不同空间的舱位，收入归己，或装货，或载人，你有自主权。这样就把员工的利益与整条船联系起来。员工为了维护自己的直接利益，也要拼命维护全船的安全。全船的人才有比较牢固的凝固力，比纯粹的打工仔多了一份责任心。

当然，所有员工的舱位加起来也不会超过船主的数量。这就相当于现代股份制企业里51%的股东，仍然是全船权益的代表者，即现代企业里的董事长。

所以说，一艘红头船就是一个现代化的企业，是潮商海洋文化的最初的母细胞。

CHAPTER 12

第十二章
红头船的经营活动

红头船的经营是从货运开始的。凡是海路能到达的地方，就成了潮商发展的新天地。经商以北上泉州、上海为最多。移民则以东南亚地区为开始。

泉州是宋元以后的东方大港，与泉州经商等于是与世界的物资进行交流；上海是中国近代最大城市，与上海经商等于是与全国的物资进行交流。并且经过泉州与上海延伸至朝鲜半岛与日本。潮汕的红头船往上海运去的多是韩江流域的土特产，如陶瓷、刺绣、土糖、土纸、麻纱、竹器、柑橘、茶叶、干鱼、菜脯，当然还有廉价的劳动力。这些促进了上海的经济发展。潮商势力亦逐渐扩大，在清乾隆二十四年（1759年）就成立了上海潮州商会组织，逐渐由杂货业向金融、典当、工业等行业进军，并且发挥潮商之所长，以上海为基地经营进出口贸易。据资料记载，清末至民国初期，上海的钱庄几乎近一半为潮商所控制，成为上海滩举足轻重的经济势力，并且成为支持孙中山革命的重要后援力量。

与此同时，更大的触角伸向了临近的香港、澳门、台湾、澎湖列岛、南沙群岛以及东南亚各国，世界各地依次进入潮商移居的视线。

清朝康乾以后，社会繁荣，人口剧增。朝廷采取了一些国内土地与劳动力的调配政策，如"湖广填四川"、开放"闯关东""走西口"等。此外还允许从国外进口粮食。东南亚地区雨量充沛，一年四造，粮食成本低廉，成为潮商红头船的首选商品。尤其是暹逻，所居的潮商最多。由于澄海人郑信于1770年统一了暹逻，并且做了皇帝，此时正是清朝乾隆时期。两国民间关系十分亲密。潮商在暹逻的政治地位和经济实力都远远高于其他地区。潮商申请到暹逻进口大米，很容易就会得到批准。一时间，红头船往来如织。据泰国的资料披露，1831年从中国广东省出发到泰国的船只有846艘，其中来自潮州地区的就有300艘。

红头船最初虽然是以申请运输大米而营运的，但是这项生意"获利甚微"，因此，船主们就借运米之机，夹带一些有利可图的货物：去往泰国时，装载些土产如红糖等，回程夹带南洋稀有物资，如象牙、犀牛角、珊瑚、珠宝等奇珍异物，后来拓展为香料、药材、暹绸、胡椒、番

20世纪90年代的南澳

藤等。南洋的高级木料，如楠木、柚木、桑枝、铁梨木等，也作为"压载物"运进来。由潮州运往南洋的货物则有茶叶、陶瓷、潮绣、雕刻、红糖、靛蓝、中药、抽纱、渔网、蒜头、麻皮、菜籽等。还有从北方转来的人参、鹿茸、兽皮、丝绸等。这些货物，在南洋很受欢迎，获利甚丰。据清嘉庆年间在樟林港开课授徒的澄海上华横陇举人黄蟾桂在《晏海渺论》中记载：商船六十余号各装糖包满载，每船或三千包，或四千包，连船身计之，一船值银数万。而商船卖出买进一来一往中，"常可获利几倍，故凭这种贸易起家者甚多"。

几年间，船业就蓬勃发展起来了。同时也带动了潮汕本土的社会与经济的发展。

红头船获得进口物资后，活动范围逐渐扩大。北上泉州、杭州、苏州、宁波、上海、青岛、天津、日本、朝鲜半岛。

在北上的同时，红头船南下雷州、琼州及安南、暹逻、实叻（今马来西亚、新加坡一带）、三宝垄、苏门答腊等东南亚诸国，甚至远到美国。

根据相关的记载，仅在琉球救助的中国遇难船只60艘之中，就有6艘是来自潮州的。中山大学的潮商史学家陈春声在《〈历代宝案〉所见之清代潮州商人的海上贸易活动》（收在《樟林古港》一书中）一文中所载甚详。其中一次发生在乾隆五十一年（1786年），东陇港船主陈万金因船破，漂流至琉球，归程时由琉球王国发放的执照称：万金等系广东潮州府澄海县商人，共计38名，驾澄字五百二十三号船只，乾隆五十年六月二十八日装载槟榔，本县开船，契约十五日到天津府兑换贸易。十月初七日其处出口，十一月初六日往到盛京省奉天府宁海县（苇按：今辽宁省金县）置买黄豆。十一月二十八日开船，十二月初二日到山东大石岛山，同日放洋（苇按：在公海里向南行驶，惯称放洋）要回本县。不拟初三日突遭西风大作，波浪猛起，砍弃桅篷，丢掉豆货，任风漂流。十二日夜漂到贵国叶壁山地方，十四日彼山民搭坐本船，引到贵辖地方。（陈春声：《〈历代宝案〉所见之清代潮州商人的海上贸易活动》，载汕头市政协学习和文史委员会、澄海区政协文史资料委员会编：《樟林古港》，香港天马出版有限公司2004年版，第129页。）

嘉庆二十年（1815年），又一起潮州船漂流至琉球。据陈氏披露之《琉球中山王致福建布政使司的咨文》询据船主吴利得等口称：本船系广东省潮州府澄海县名牌吴永万商船，通船人数舵公水梢（手）36名，搭客22名，共计58名。坐驾澄字壹百肆拾玖号船只，去岁六月十八日装载赤白糖等项在东陇港开船，八月初七日前到天津府发卖其货，九月十一日该地开船，转达西锦州（苇按：今辽宁省锦西市）置买黄豆、木耳、牛油、甘草、防风等件，要回本籍……

从上述两篇咨文中，可知当时潮州货船北上贸易的大略情景。

《澄海县志》记载说："农工商贾皆藉船为业……其舳舻远驰会省、高、惠，逐鱼、谷、盐、铁之利，虽盗贼风波不顾。"清道光年间，揭阳广美村商人黄朝纲、黄肯堂，各置一艘四帆呷板货船出海，装载夏布、蔗糖等潮汕土特产北上上海、天津、北京销售，返程又带回北方药材、干果及土特产。黄肯堂的侄儿黄思敬后来开始把潮绣推销到上海。黄愈逸则开始了南洋贸易，他的"南春号"货轮，直接开到缅甸的仰光、印度的加尔各答，并且设店经营。从此，广美村人都走上了外洋贸易的道路，带动了乡村经济的发展。

在私人得利的基础上，朝廷也因此获得可观的税收。清朝对外贸易合法后，在粤东设立了粤海关，负责收取税金。据嘉庆《澄海县志》记载，仅在澄海，粤海关就设有樟林口、东陇口、南洋口、卡路口、南关口等五处税口，每年征得的货物税银，就占广东省的五分之一以上。每年广东"通省税额征银四万三千七百五十两有奇，澄海以弹丸之地，几操全粤五分之一，洵濒海一大都会也"。澄海县的税收90%多来自红头船的收入。

丁旭先、杨燕娇版画作品《红头船的故乡》

  由于客货两旺，红头船的生意很快发迹起来，不仅带动了本土经济，更为东南亚地区的蛮荒开辟、经济起飞，带来发展的机遇。
  红头船成为拉动亚洲各地经济发展的"神船"。
  随着红头船货如轮转的繁荣，必然带来人员的流动。人员也是重要的商品——劳动力。潮商流动的首选地，是临近的香港、澳门、台湾、澎湖、南沙群岛以及东南亚各国，从此世界各地依次进入潮商移居的视线。到20世纪末，香港的潮商约占人口的五分之一，有130万人。有代表性的潮商企业家数不胜数。澳门的潮商已经占到总人口的

8%，有4万多人。在台湾甚至有完全复制潮汕的地名，都是潮商的移民，如屏东县就有潮州镇，最早是由潮州移民始垦，现在已经有5万多人。该镇内埔乡至今还保留有韩文公祠，台南也有开元寺。台湾最南端的垦丁热带林园，就是潮商的劳动杰作。

CHAPTER 13

第十三章 红头船所代表的潮商精神

红头船,在潮汕地区已经成为一个代表性的符号。所以尽管红头船作为交通运输工具,已经退出了历史舞台,但其形象与影响,至今随处可见。潮汕有红头船旅行社、红头船博物馆、红头船公园、红头船饭店、红头船医院、红头船慈善会、红头船玩具厂等。而深埋在潮商心理的红头船精神,其生命力却更加旺盛、永恒,成为潮商子孙继承家风的重要遗产。

第一,是"穷则思变"的精神,是在困境中要冲出一条生路的拼博精神。潮商先民早期出洋几乎都是在家乡走投无路的情况下,才"一条水布下南洋"的,叫"无可奈何做甜粿"。别离父母,抛弃妻子,乃生离死别之事,不到万不得已,谁会走此险路?这种下南洋的"穷则思变"的精神,与山西人"走西口"、中原人"闯关东"一起,并称为中国人的三大移民潮,体现的都是不服输的"穷棒子精神",这是中国人的骨气。从古至今,支撑着老百姓在艰难困苦中奋力前行,才创造出5000年不断的灿烂文明。

第二,是敢于探索的精神。红头船最先到达的地方是东南亚地区。在中国古籍中,东南亚地区一向被描写成是南洋黑水之地。"蚊虫大如斗,鳄鱼遍地走。瘴气夺人命,活人不如狗。"三国时期,诸葛亮曾带兵深入"不毛之地"。"不毛"指的就是今日缅甸的"八莫",被瘴气所累,死伤大半,从此中国人更将云南以南的地方视为"不毛之地"。广阔的原始森林讹变为"不毛"之地。潮商与海南人最先闯入这里。中国的南海群岛及菲律宾、泰国等许多地名,最早即源于潮州话。至今,潮商遍布全世界,就是这时打下的基础。这种敢于探索的精神,是以大陆文化为主的中国最为缺乏的,其本质是海洋文化的属性。在古代中国采集文化、狩猎文化、畜牧文化及农耕文化之外，补充了可贵的海洋文化。

第三，是不怕苦、不怕死的精神。在一个陌生的地方筚路蓝缕，披荆斩棘，立足、生根、开花、结果，最需要的就是毛泽东概括的"一不怕苦，二不怕死"的精神，有了这种精神，任何艰难困苦、魑魅魍魉，都要为之屈服、让路。有时甚至会反客为主，带动后进地区快速发展。

第四，是团结互助的精神。早期，强调的是潮汕移民的内部互助，以亲缘、地缘、族缘，甚至是同乘一条红头船的缘分，结成坚韧的纽带，不断扩大海外移民的规模，共存共荣，成就事业。后期，则强调与本土人的团结。潮商到那里，不是去当殖民主义者，去掠夺财富，而是定居、移民，成为当地社会平等的一员。

第五，是反哺故乡的奉献精神。潮商不同于犹太人的地方，是其身随红头船远去，心却永远留在家乡。潮商不是为了个人寻找幸福而出洋，而是为了家庭的生计。父母妻子永远占据着他们的心。他们是一群风筝，无论这只风筝飞多高、多远，拴牢风筝的线永远掌握在家

花岗岩红头船雕塑

乡母亲的手里，拴在故乡祠堂的老树上。只要家乡有事（救灾、修庙、祭祖、拜老爷），风筝的线一动，他们就会反馈回来，人不到，钱也到。在海外的经营侨批的水客要出发了，哪怕自己身无分文，也要想办法借一元钱捎回家中，既尽反哺之意，也是对家人的平安报告。富了以后，更不会忘记家乡。潮汕的公共设施、学校、图书馆、体育馆等大型建筑，多是海外潮商捐建的。陈慈黉发迹后回家乡建筑了大型宅院，李嘉诚、林百欣、陈伟南反哺家乡，兴建学校的例子，数不胜数，已经成为教育后代的范例和榜样。

红头船精神内涵如此丰富，难怪有人在概括汕头精神的时候，主张概括为红头船精神。其实质就在于：拼搏、拓展、创新、团结、奉献。

CHAPTER 14

第十四章 番客——早期出国的潮商

"番客"是潮汕人对到海外谋生的人的传统称呼。这里不存任何贬义，反而含有一些敬意。因为中国过去是把"中国"以外的地方，都叫作"番"。汕头市有个专门经营国外商品的商店，现在仍然叫"番客"。

明清之后，红头船往来便利，潮汕外出的"番客"也就多了起来。只要是在国内因天灾人祸而导致生活艰难、无出路的，就会想到出外做"番客"。早在唐宋时期随着潮商海上贸易的开展，就陆续有人移民海外。南宋末年，潮州知州马发率领民众抗元失败后，残存者大部逃亡暹逻。元代统一中国后，忽必烈曾经征集2万闽潮壮丁船队远征爪哇，失败后，士兵多数留居当地，后人多数成了潮商。明嘉靖年间，潮商海上贸易集团首领林道乾称霸南海30多年，后"据闽粤不遂，又遍历琉球、吕宋、暹逻、东京、交趾诸国"，最后落脚泰国北大年港，使得港市繁荣 人称"道乾港"。另一海岛首领吴平率众到达安南、菲律宾、印尼一带。林凤率4万人到达菲律宾吕宋岛。起义军首领张琏，自称"飞龙人主"，失败后，到达印尼苏门答腊、马来西亚柔佛州等地。

潮商走向海外的高潮，出现在清中叶以后，即红头船旺盛时期。据《观一揽胜》记载：自1782年至1868年80多年间，从汕头运往东南

20世纪90年代的汕头海岸线

亚的"猪仔"(契约华工)到海外求生多达151.2万人。由于那时民人出洋属于非法,朝廷不予记录,所以确切数字很难统计。不过从当时的一些文献记载中可见端倪,如清光绪三年(1877年),陈黉利香港"乾泰隆"行在家乡设立的办事处的一则资料显示:当年到该行申请免费船票过番的,就有1172人。

令人震撼的潮商出洋照片

出于"讨生活"的目的,早期潮商出洋与现代大不相同。那时是越是穷困的地方,出洋的动力越强。如处在大北山脚下的揭西县岐阳村,田少人多,人们只好向山外、海外寻找出路。

那些离乡背井的潮商,从樟林港出发前,要到樟林象鼻山上挖一点家乡土,包在手帕里,再带一瓶家乡水。到了异国他乡,首先要将这些家乡土和水,倒在当地的水井里,表示融入当地水土的意愿,也是提醒自己时刻记住与家乡的牵连。

潮商出洋,历经千辛万苦,多是被迫而行,俗语称为"一条水布下南洋"。"水布"是潮汕农民在室外劳作时随身携带的粗布,既可以做生活用具,也可以做生产工具。潮商形容最穷的时候,说就剩下一条水布用来裹身了。因此最初下南洋的时候,既无尊严,也无体面,称为"卖猪仔"。在船上的日子与猪仔无异。

清朝时,民人出洋不仅本国有很多限制,到达国的代表东印度公司更严格限制私渡。据清廷《朱批谕旨》46册载:"查从前商船出洋之时,每船所报人数连舵、水、客、商总计多者不过七八十人,少则六七十人，其实每船私载二三百人。到彼之后，照外多出之人俱存留不归。更有一种嗜利船户，略载些须货物，竟将游手之人偷载四五百之多。每人索银或十余两，载往彼地，即行留住。此等人大约闽省居十之六七，粤省与江浙等省居十之三四。"这些非正规出洋的人大多都是破产农民，身无分文，更付不起船费，除了在到达国有亲戚朋友接待的以外，大多采取"赊单出洋"。就是在下船的时候，如果有人雇佣，即由雇佣者出资垫付，以后在工钱中扣还。这时所付出的钱自然要高于原来的船票。那时由樟林到泰国的船费为6元西班牙币，而在码头上打工，一个月可赚三四元西班牙币，赚到钱后首先就要偿还船费。

如果此地还不能出手的"猪仔"，只好再转一个地方出售；或者由岸上"客头"全部买走再慢慢转卖。如果始终无人接收，按规定就要原船退回。事实上这是不可能的。因为很多船干脆在进港之前，就把偷带的人在周围小岛上放下。他们的船费则由在大陆上的保人负责以后偿还，自然也是带有利息的。

潮商出洋的第一关就是生死关。由于朝廷不允许百姓向国外流动，因此亦不批准客船的建造，出洋的人只好搭乘货船偷渡。货船本不适宜载人，所有生活条件几乎全不具备。但是为了生计，穷苦的人只好踏上这艰险的旅程。红头船本是货船，众多的人挤在密闭的船舱里，或暴露在甲板上，有时连躺卧睡觉都很困难，要经历几十个日夜的煎熬。

食品也要自己带足，多数是用糯米蒸成的甜粿，耐饿，且久贮不易坏，蔬菜完全是梦想，只能带上一点菜脯（咸萝卜干）下饭吃。所以至今，去往南洋各地走亲戚，礼品中一定会有一点家乡的菜脯，在外的亲人会感到十分的亲切，会勾起往事的回忆。有经验的人会带上一个大冬瓜。睡觉时当枕头，缺水时可以补充水分，一旦船破落水，还可以当救生圈用。

从樟林到泰国，红头船要走一个月。在红头船上，危险会随时袭来，只能听天由命。或遇风暴，全船沉没；或在船上冻饿而亡；或在船上发病无法医治。甚至有为躲避检查，把"猪仔"封死在船舱中而导致集体瘐毙，也有被海盗杀害，抛尸海中。西方学者斯金纳曾在其所著《泰国华侨社会史的分析》中描述道："大量运载他们的帆船，令人想起了载运非洲奴隶的情况。甲板上堆满了人。这些可怜虫日夜暴露在恶劣天气之下，毫无避身之所。因为船的下层装满了货物。他们的粮食是干粮和有限的水。"（张映秋：《樟林港埠与红头船》，载汕头市政协学习和文史委员会、澄海区政协文史资料委员会编：《樟林古港》，香港天马出版有限公司2004年版，第112页。）

有幸熬过生死关，到达国外后，就是找工作。开始只能干那些本地人不愿意做的苦差事。当码头工人，或在荒村中开荒种地，逐渐积累资金开始在城市做小生意，开食品店，省吃俭用，积累资金，一点一滴地把事业做大。海阳淇园人郑智勇就是这样的典型。他于清咸丰元年（1851年）求生无计，连乘船的钱都没有，只得偷藏在红头船暗舱里，挨到暹逻，历经艰难困苦，终有大建树。最后与暹逻王结为义兄弟，两人平起平坐。

由于出洋的人日益增多，在红头船上又新增了一个新的职业——水客，或名"客头"，就是出洋的引路人，他们具有丰富的出洋经验，有他们带领，初次出洋的人顿时有了依靠。因为水客每次可带多人，每人收费四五元而已。这些水客去时带人，归时带钱，即将番客在外积累的血汗钱通过他们带回家乡，赡养亲人，叫作"侨批"。潮汕的侨批量大，为世界之最，于2013年入选为联合国教科文组织的"世界记忆名录"。

番客到达定居点后，首先是要投亲靠友，至少是要找到同姓集聚地。因为在今后逐渐融入当地社会的同时，必然会发生与当地人的利益冲突。为了在冲突中得以自立与发展，潮商即在地缘、血缘以及宗法观念的作用下，自动聚拢，团结互助，成立团体。这种自发的以自保自立为目的的番客组织，一般是在同姓集聚地开始的。在一群同姓集聚地，大家会选出有能力、有威望、办事公道的人来做"老大"。他负责对外交涉业务，对内分配工作，过着集体生活。有了收入，先扣除集体房租等公共费用，余下的平等地分给每个人。这样可以保证每个人不管今天有无工作机会，都可以有饭吃、有地方住。在这种雏形的基础上，逐渐发展成为地域性、行业性的会馆，使得外来的番客逐渐成为本地社会的一员。在这种艰难困苦中，潮商在各地生根、开花、结果，繁衍后代，为所在地的政治与经济的发展做出了突出的贡献。

现在泰国的每个府（相当于省），几乎都有华人，约占总人口的13%，而潮商占到其中80%。1767年，在暹逻大城王朝被缅甸军队灭亡时，澄海潮商郑镛之子郑信（1734—1782）组织民众奋起抗战，直到把侵略者赶出暹逻，胜利后被民众推举为暹逻皇帝，成为吞武里王朝达信大帝。此时正值清代乾隆盛世时期，红头船贸易兴盛。在郑信从政的影响下，许多潮州人甚至当上了暹逻的重要官员。郑信掌权后，封有功之臣黄茂盛銮阿派帕尼爵位，他有权以泰皇室名义派10~15艘船直接到广东从事贸易活动。另一位潮州人小林五，也被封为拍披猜哇里爵位，负责管理皇家帆船事务。另一位潮州人洪孔，后来也获封为昭披耶拍康公爵，成为国库总管。

郑信掌权后，即派使节到清廷请封，愿意为纳贡国，并且表示友好通商之愿望。乾隆皇帝因听信谗言加以拒绝，后经时间考验，明了真相，遂于清乾隆四十年（1775年）正式同意吞武里王朝入贡，成为中国的友好邻邦。红头船贸易从此更加势如破竹，兴旺发达。

根据资料显示，从清道光二年至咸丰八年（1822—1858）的36年间，旅居暹逻的华人就从4万多人增至150多万人。其中约五分之三（88万多人）是从樟林港乘红头船出去的。到1980年，泰国华人已经达到450万人，其中75%是潮汕人，达337.5万人。

他们经历千辛万苦在异国他乡立足、谋生、创业，许多人奋斗一生，壮志未酬、客死异乡。遍布东南亚各地的无名华人墓葬，是他们留在世界上的唯一痕迹。

现在留存在历史上的是那些成功人士，记录的是他们拼搏的经历。

在新加坡开埠前，潮商即在该地种植胡椒和养殖蜜蜂。汕头人佘有进（1805—1883）在此创立了最早的潮商社团组织——义安公司。

清乾隆时乘红头船到暹逻的海阳鹳塘（今潮安官塘）人陈式，战功卓著，被封为将军。

马来西亚也是由于潮商的开发，才发展成了种植基地。清道光时谋生于柔佛国（今马来西亚柔佛州）的海阳金砂（今潮安彩塘）人陈旭年（1827—1902），因贡献突出受到嘉奖，被封为"甲必丹"（华侨领袖），授予"资政"头衔。

红头船船主、澄海前美村人陈焕荣的次子陈慈黉不但继承父业经营红头船，而且于19世纪70年代后在暹逻等国大力拓展工商业，成为东南亚首富。他于20世纪初回家乡建造了1.6万多平方米的宅院，共有500多间厅房，成为岭南侨宅之"最"。

佘有进　　　　　　陈旭年

泰国前副总理披猜（陈裕财）带领儿子、曼谷前市长披集在澄海祖茔前祭拜

很多在泰国发迹或出生在那里的潮商，为了生活需要，都有两个名字（一个中国名、一个泰国名）。如泰国前副总理披猜·拉达军，中文名字是陈裕财，澄海人；潮阳人马炳炎，泰国名字叫越他那·阿沙哇掖；泰国同乡会理事长、潮安人廖少贤，叫操哇立·岱叻拍隆蓬；潮安人张卓如，叫素帕实·玛哈坤；澄海籍许敦茂，叫巴实·干扎那越；澄海籍陈其文，叫和旺·仓赐。这意味着在他们的内心中，自己具有两种身份。

在曼谷郊外或内地山野上，很多早年潮商的墓地里的骨灰罐都要做成红头船的形状，坟墓顶上也有红头船的装饰，表示生乘红头船"过番"，魂乘红头船回乡。潮商的红头船情结可谓至死不悔！

20世纪70年代印支战乱后，很多世代居住在东南亚地区的潮商，又开始大量移居欧洲、美洲、大洋洲和非洲。至近现代，累计居住在海外的潮商总数已达千万，逐渐形成海内外各有一个潮汕的局面。

第十五章
早期在海外市场称『王』的潮商

CHAPTER 15

近代潮汕人向海外发展，在思想上大多是主动自愿的，首选地是东南亚各国，其中泰国为最。因为泰国吞武里王朝的奠基者达信大帝郑信，就是潮汕澄海上华镇华富村人。他在缅军入侵泰国时，组织军民抗战，维护了国家独立，被民众尊为泰王。因此潮汕人在泰国受到尊重，社会地位高，就更加吸引人去了。

如今，红头船走遍世界。潮商以潮菜、抽纱、瓷器和茶叶为突破口，几乎打进了世界各国的市场。这已经是不必引用统计数字而人人尽知的事情了。

关键是，潮商不仅走向世界，而且在各地也都生根，事业取得成功。这才是潮商的本事。这里，我们只要数一数近百年来，能到海外称"王"的潮籍企业家，便可说明潮商最善经商的实力了，可例举如下：

"光纤面料大王"陈经纬。汕头人。陈经纬早年在香港经营一个国际性化纤布贸易公司，在东南亚颇有名气，为香港化纤行业巨子。改革春风骀荡，他联合韩国、台湾的两家公司，组建汕头特区经纬纺织有限公司，亲任董事长。一投产就日产化纤产品10万米，月产印染仿真丝、仿毛料产品300万米，年产值4亿港元。

"牛仔裤王"吴文宁，汕头人。1974年，年仅25岁的他孑然一身来到香港，在一家服装厂打工。20年来，他以永不知足的干劲和对事业的热情，成为富有传奇色彩的创业者。在吴文宁的努力下，香港联发集团10余年就向欧美市场销售了3000多万套高档牛仔装。

"金融大王"陈弼臣，潮阳人。1910年生于泰国。20世纪40年代初创立亚洲信托公司，后创建盘谷银行。80年代初，陈弼臣成为世界12位大银行家之一。

"农牧业大王"陈兴勤，潮阳人。1930年生于潮阳贵屿华美乡，

17岁赴泰国，后开办食品加工厂。他拥有泰国以至世界最大的养鸡场，几乎包揽了东欧诸国的食品入口合同。

"人参大王"赵汉钟，祖籍潮阳。1938年出生于"人参世家"，留学美国。1974年组建跨国经营集团，"花旗鹰"牌参茶享誉港澳及东南亚一带，他因享有三个参行之最而称"王"。

"眼镜大王"马宝基，原籍潮阳和平镇里美村。经三十载奋斗，终成宝光眼镜制造有限公司总裁。该厂年产眼镜500万副，年营业额达2亿港元，遂获"眼镜大王"之誉。

"皮革大王"郑镜鸿，潮安县金石镇人。新加坡大马机构董事长，新加坡潮安会馆名誉主席。他热爱祖国，热爱家乡，改革开放以来先后捐资赠建镜鸿路、沙溪路、前陇学校、湖美小学、湖美村水改工程、金石医院、东山湖温泉度假村等项目。

实业家谢慧如，潮安县官塘镇白水湖人。14岁赴泰国，创办泰联企业有限公司，经营火磐、火锯、冻房、保险、堆栈、建筑、糖业、米业、麻绒和土产出口等；先后担任泰国中华总商会执委、永远名誉主席，泰国潮州会馆副主席、名誉主席，天华医院名誉董事长等职；为"汕头市荣誉市民"和"潮州市荣誉市民"。

"罐头食品大王"陈汉士。潮阳谷饶镇大坑村人。1963年赴泰国，从事食品经营。由于他卓越的商业才能，目

郑镜鸿

谢慧如

前,他拥有"万发工业"及属下20多家公司,已成为世界称雄一方的食品罐头行业巨子。

"黄梨王"林义顺,原籍澄海岐山西乡,新加坡。

"酒王"刘延勋,澄海上华镇横陇人,泰国。

"油大王"许朝镇,原籍澄海,泰国。

陈汉士

"现代凉茶大王"林诗海,祖籍澄海。

此外还有在各地称"王"的潮商巨擘。

"米业泰斗"黄作明,祖籍澄海澄城镇,泰国。

"保险大王"马灿雄,祖籍潮阳,泰国。

"鳄鱼大王"杨海泉,祖籍惠来,泰国。

"塑胶大王"陈卓豪,祖籍揭阳,泰国。

"林业火锯大王"吴修益,祖籍普宁,泰国。

"钢铁大王"钟廷森,祖籍潮阳,马来西亚。

"牛仔裤大王"马介璋,原籍潮阳,香港。

"抽纱大王"翁锦通,原籍汕头蓬洲,香港。

"玩具大王"蔡志明,原籍揭阳,香港。

"糖王"许武安,祖籍潮安,马来西亚。

"华埠商界奇人"姚楚克,祖籍揭阳,美国纽约。

"亚洲食品大王"周光明,祖籍普宁,澳大利亚。

"股坛教母"陈葆心,祖籍澄海,香港。

"酒业大王"苏旭明,祖籍澄海,泰国。

"农牧帝国之王"谢国民,祖籍澄海,泰国。

"影业大王"辜炳彪,祖籍揭阳,泰国。

"米业大王"胡玉麟，祖籍潮安，泰国。

"建筑大王"李石成，祖籍潮阳，泰国。

"钢铁大王"吴玉音，祖籍潮州饶平，泰国。

"纺织大王"郑创基，祖籍潮阳沙陇，泰国。

"汽车销售大王"姚宗侠，祖籍潮阳，泰国。

"薯粉大王"张锦程，祖籍普宁，泰国。

"食品大王"戴德丰，祖籍普宁，香港。

"土地王"黄子明，祖籍普宁，泰国。

"士多王"郑辉，祖籍潮阳，法国。

"豆芽大王"陈荣熹，原籍潮州，法国。

"纸品大王"魏基成，祖籍揭阳，澳大利亚。

"扑克牌大王"姚文琛，原籍潮阳，新加坡。

"张裕之王"张弼士，祖籍大埔（原属潮州府辖管），新加坡。

"金融巨擘"连瀛洲，原籍潮阳，新加坡。

连瀛洲

20世纪90年代的南澳

另外，在港澳发展的潮商成功人士更是数不胜数，其中有不少被授予了荣誉称号，如庄世平、李嘉诚、林百欣、林余宝珠、陈伟南、廖烈科、刘奇喆、唐学元、叶庆忠、周厚礼、周厚澄、颜成坤、洪祥佩、蔡章阁、汤秉达、马璧魂、廖烈文、吕高文、陈维信、林思显、廖烈武、陈有庆、章志光、刘世仁、王泽森、李春融、许淦、陈伟、许伟、庄鸿震、黄子明、翁锦通、倪少杰、郑翼之、黄锦江、黄励文、黄松泉、庄钟赛玉、林辉波、马锦明、刘文龙、邱木城、姚中立、林建名、罗康瑞、郑维志、赵广海、马松深、刘谦斋、张中畊、黄天荣、丘士俊、杨木盛、翁铭坚、蓝海、陈卓平、蔡德河、王德毅、马介璋、吴雄、陈才燕、陈鸿琛、林友光、马清岳、陈为典、杨植秋、廖赞成、胡楚南、马照祥、王斌、吕高华、吴为宜、赵克进、陈特楚、陈汉干、李国营、周振基、林世铿、洪克盛、陈智文、章志人、汤隆华、谢中民、刘思仁、黄文士、陈蕙婷、蔡坚、林孝信、郭大鹏、郑金源、陈权……

陈伟南

还有许多年轻一代的，如陈幼南、李桂雄等，实在无法一一列举。此外还有在泰国、新加坡、马来西亚、菲律宾、越南、柬埔寨、印度尼西亚、法国、英国、美国、巴西、委内瑞拉、马达加斯加、南非、俄罗斯……每个国家和地区，又是一个个长长的名单。

这些仅仅是过去的纪录，近年兴起的潮商企业家领跑在前的，不知其数。

潮商在海外发展成功后，由于接触到世界最先进的技术、文化理念、经营方式，又反哺家乡，成为报效祖国的强大力量。

先进的经济模式必须有先进的政治制度为保障，于是他们把西方的革命思想引入中国，促成了中国的历次革命。推翻封建王朝的辛亥革命，是在日本和美国孕育的，推翻腐朽旧政权的共产党，也是在西欧孕育的。其中有许多是潮商留学生和华侨作为骨干的。如许雪秋、林美南、彭湃等。当中华民族处于危亡的时候，又是华侨青年奋不顾身，归国参加抗战。在抗战中英勇牺牲的飞行员，绝大部分都是华侨青年。老一代人则带头捐资购买武器、药品、器材，支援抗战。他们千辛万苦地利用缅甸与中国云南的通道，运送了大量抗战物资。澄海南畔洲村人蚁光炎（1879—1939），以抗日为己任，领导泰国中华总商会，号召华侨抵制日货，领导推销爱国公债和募捐等活动，并且冒着敌人的炮火，将大量战略物资从境外运送回国内抗日战场。在国外热心办华侨学校，开办慈善会，资助穷苦潮商，在曼谷创办《中国日报》宣传抗日，后被日寇暗杀牺牲。他的儿子蚁美厚接续其未竟事业，继续为华侨事业奔波、献身。现在汕头大学旁边建有蚁光炎纪念亭。

蚁光炎

抗日战争时期的华侨飞行服务队

新中国成立后，华侨子弟纷纷回国参加建设，特别在文化与技术方面，作出了重要贡献。蚁美厚等一批新的侨领，在新中国与外界沟通方面起到了不可或缺的作用。

1978年改革开放后，以庄世平为首的新一代潮商侨领，积极协助汕头经济特区的建立，庄世平带头从海外融资，兴起一个华侨回家乡投资、捐资的高潮。在强大的计划经济板块中，"杀出一条血路"，把中国从计划经济的体制中扭转到市场经济体制中来，庄世平功不可没。正是由于众多华侨的支持，汕头才最先成了经济特区，促进了新时期的经济繁荣。

庄世平

第十六章 潮商的信仰

CHAPTER 16

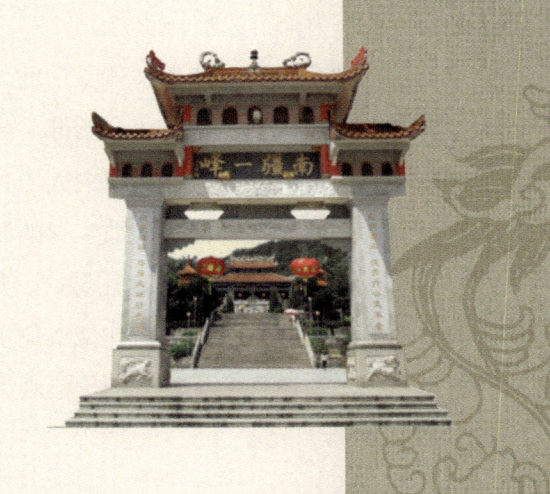

潮商捐建的汕头龙泉岩的寺庙群

信仰，是人区别于动物的一种表象，是对某种精神追求处于盲信至确信之间的状态。在《简明不列颠百科全书》中的解释是："信仰（belief），指在无充分的理智认识足以保证一个命题为真实的情况下，就对它予以接受或同意的一种心理状态。"

信仰，是支持人奋力前行的唯一动力。

一般人以为相信"金钱是万能的"就是信仰，其实大谬。金钱只是决定人生活方式的一种因素，却并不是信仰。当一个人所拥有的金钱超过其消费能力的时候，他与没有金钱的人（并非指乞丐），完全一样的，就是信仰。信仰是鼓励他们勇敢生存的源泉。那些拥有为人类共产主义社会目标奋斗信仰的人，可以抛头颅、洒热血，舍生取义。而一个没有信仰的亿万富翁，一旦在金融危机中失败，就会丧失生活意志，跳楼自杀。这两种舍生赴死的价值观完全不同，一则重于泰山，一则轻如鸿毛。

人类几百万年的历史相对于宇宙历史实在是太短暂了。至今甚至还没能完全从动物界进化出来，有时还会出现返祖现象。宇宙间的许多奥秘始终还牢牢地控制着人类生活的环境。"人定胜天"仍然还是人类的美好幻想。

潮商的信仰，表面上是信神，实质是信"道"。这个"道"不是指道学，更不是指道教，而是指自然运行的规律。对这些规律的信仰，表现为对传承这些规律的代表的敬仰。许多潮商家庭供奉"天地国亲师"的牌位，即是此意。"天地"是自然规律的代表，"国（从前是"君"）是族群传承的代表，"亲"是家族传承的代表，"师"是技艺传承的代表。

潮商大多都信神，有的迷信，有的俗信。

总之，对待神明，"宁愿信其有，不愿信其无"。潮商崇拜神明的目的，主要是为感恩和祈求福祉，有时也起见证作用。最大的特点是，几乎所有的神明都被奉为自己发财的保护神。

信仰显然是一种个人的内心判断，但其具有强烈的从众性。它可以由于被熏染、被教育而改变，或从盲信走向确信。信仰是对道德约束的最后防线，一个人没有了信仰，也就丧失了道德的约束。一旦丧失信仰，什么坏事都可以做得出来，可见丧失信仰的可怕。

潮商信仰的动力，首先来源于所从事的生产方式的不稳定性。潮商多与渔业、外贸、海上运输有关，从古至今，海洋都是危机四伏、人类至今不能完全征服的对象。同样的，商海如大海，商场如战场，市场瞬息万变，难以把握，不像农业与手工业之可控。

因此，潮商热衷于诸神崇拜，首先是祈求平安，希望以神明的力量战胜大海与商海中那些不可预测的不利因素。

这种信仰，首先起到自我心理暗示作用。其实是符合科学的。假如在海上，船只出事，两个人同时落水，都抱着木板漂流等待救援。

这时唯一能做的事，只有祈祷。假若一个人只相信科学，相信在低温海水中，自己必将不久于人世，必定因为失去信心而沉没。而另外一个人，平时敬神、信神，尤其是相信海神妈祖一定会来救助，甚至在恍惚中，都能"看到"妈祖微笑的身影，他就会有了坚持的动力，直到救援的人到来。这种心理暗示，是鼓励他毅力坚强的唯一力量来源。同样，在商海中沉没，东山再起的事例也是靠这种坚定的毅力。

至于天天靠祈求神明保佑而发财的潮商，几乎没有。那只是一般老百姓的一种心理愿望，没有人当真的。那纯粹是迷信。潮商懂得创业的艰辛，没有人相信"天上会掉馅饼"的奇迹。保佑的希望寄托于神明的多是潮商的家属和得其恩惠的人，这是他们能为潮商帮忙的事。

神明在潮商事业中能起到另外一个作用，就是见证。潮商在商量共同行动时，或在签订契约、合同时，要么在祠堂的祖宗面前，要么在寺庙的神明面前，至少在家中的神像面前，以增加事件的严肃性，相当于在神明面前发誓，起到良心保障作用。

神明在潮商心目中，事实上起到的是一种符号的作用。唯其如此，也就并不计较神明的身份、分工，所有的神明都尊称"老爷"，如此则一个都不漏掉，一个都不会得罪。

因此，潮商的信仰是多方面的。既有无神论者的政治追求，也有宗教人士的意识追求。而潮商大部分是处在这两种"确信"之外的广大地带。潮汕众多的神坛寺庙就是各种信仰的载体与寄托处。

潮商崇拜的诸神中，最多的当然还是全国共有的神。佛教中以三世佛、观音、地藏为盛；道教中以玄天上帝、关羽为盛；近代引进了基督教等。此外还有外地创造而经移民带入的神，其最大者是海神妈祖（天后）和各行业祖师神。其他有潮阳的"双忠祠"，供奉睢阳张巡、许远；揭阳的"英毅圣王庙"，供奉介子推等。

在民间村社小庙中，多供奉与家庭生活有密切关系的神，许多是潮商自己创造的。潮商深知神是人造的玄机，需要什么就创造什么，十分得心应手。其形象多取材于三个方面：古今英雄伟烈人物、各族各姓祖先和各种神话传说。在意识上，他们认为这些属于"自己"的神最为可靠，关键时刻能予人以庇佑，对之礼拜最勤。平时所谓"拜老爷"，多指拜这些地方神。

"老爷"是潮商对所有各类神祇的统称。农历的初一、初二、十五、十六，家家都要"拜老爷"，以最基层的神明为代表。只要有人居住的地方，总会有土地庙。土地神又称"伯公""土地爷""伯爷""福德老爷""地主爷""本地公"，有的甚至不必到庙上去，只在家门口或走廊里，焚烧香纸就算完事，心到神知了。

潮汕地区的神祇按系统概括，大体有以下各类：

第一，自然崇拜系统：天地父母、日月星辰、风雨雷电、土地神、水神、火神、泉神、井神、海神、潮神、湖神、山神、石神、树神等。潮商对这些自然权威，始终怀着敬畏，从来不曾有得罪的邪念。每年九十月间农业丰收之后，潮商各地时兴"摆桌"，就是感谢大自然的恩赐。在广场或伯公庙前搭台、摆桌。各家大门上纷纷挂起天公灯，上缀芙蓉、石榴、春草、状元竹等祥瑞植物。摆桌名义上虽然是为敬神的，实质却成了社区之间、家庭之间的食品博览会。各家竭尽全力，各显神通。无论花样、数量皆有比赛性质。同时也是乡间工艺美术的大比拼。神袍、灯屏、剪纸，异彩纷呈。也有在此时举行赛戏的，尽显对大自然的感激之情。

第二，儒教崇拜系统：孔子及其配享诸神，潮汕各地韩文公祠供奉的韩愈即属此类。

第三，佛教崇拜系统：以释迦牟尼为中心的三身佛、三世佛，以及其配享的菩萨（文殊、普贤、观音、地藏）、十八罗汉、五百罗汉、护法神韦陀、四大天王和那位总是笑眯眯的弥勒佛（契此和尚），潮汕建有许多单独的观音殿，寺院中还供奉有各自的祖师。佛教传入潮汕地区，最早可能在东晋时期，唐以后大盛。现在桑浦山上塔下村山上发现有佛教造像石刻，虽无法确认确切年代，却可以看出是早期佛教传播之痕迹。

第四，道教崇拜系统：道教是多神教。中国除了儒教和佛教诸神外，其他的一切神、仙、妖、魔、鬼、怪、精、灵，原则上皆属于道教系统，包括以三清（元始天尊、灵宝天尊和道德天尊）为首的神仙系统，以玉皇大帝为首的天神管理系统，以城隍为首的仿政府系统和以阎王为首的司法惩罚系统。此外，还有以小说《封神演义》《西游记》为蓝本创造的杂神系统。其中有财神赵公元帅、禄神文昌帝君、太白金星、齐天大圣孙悟空、姜太公和梨山老母等。潮汕地区供奉最多的是代表北方的玄武神，叫玄天上帝或真武大帝。

第五，西方宗教崇拜系统：以上帝为崇拜对象，又分为基督教、天主教、东正教等派别。

伯益公（右）和伯益妈

第六，英雄崇拜系统：凡在历史上和现实中为人民做过好事的人，即古人谓之"有功烈于民者"，其死后潮汕多奉为神。唐代著名的政治家、文学家韩愈，因"谏迎佛骨"，被贬至潮。他关心人民疾苦，办教育，兴水利，治鳄害，开风气，影响巨大。潮商在宋代以后便立祠纪念他，绵延至今，甚至"赢得山水改姓韩"，有的潮州地方还把韩愈奉为土地神。连带所致，他的侄孙韩湘因护送韩愈到潮州有功，也成为八仙之一的韩湘子；与韩愈交往相得的灵山寺大颠和尚亦受到历代崇拜，香火不断。

宋代另一位高僧大峰，曾募捐修建潮阳和平桥，并且用草药治病救人，也被后人祭祀，庙宇十分堂皇。

潮州龙湖寨每年农历二月十五要举行大型巡游活动，纪念宋代为潮汕文化做出重要贡献的陈尧佐（963—1044）。他是四川阆中人，那里至今还保留着陈氏一家四进士的府第。他中进士后，官至宰相；因直言敢谏，于宋咸平二年（999年）下放任潮州通判。在潮州期间，发展教育，移修孔庙及韩祠于现址，斗杀鳄鱼，关心民瘼，深得人们爱戴。两年后离开，人们把他配享在韩文公祠里，世代不忘。

类似的为民做好事而被尊为神的，在潮汕各地几乎都有。靠近福建地方多建慈济宫供奉吴夲，在揭阳磐东一带供奉的白服公王，都是为乡人治病而成了神。还有流传在榕江流域的虱母仙也属此类。宋末忠臣文天祥，追随宋末帝来过潮汕，潮商感其忠义奉为神，在潮阳莲花峰下立"忠贤祠"纪念。揭阳乡贤祠供奉的黄焕国，宋代福建长汀人，曾任揭阳地方官，得民爱戴，被尊为"闽西生佛"。清末潮商方耀在中法战争中，以广东水师提督守虎门，防备森严，至今有"方大人庙"祀之。此外最著名的是关羽和林默娘（即天后、妈祖）。其他的有供奉张巡、许远的"双忠祠"，供奉介子推的"英毅圣王庙"，供奉晏子的"晏公庙"，此外还有鬼谷子、张良、包公、郑和、王来任、周有德、道台伯公等。甚至有一位神明就叫"指导员老爷"，地址在潮阳和平镇练北社区，纪念的是抗日战争时牺牲的一位共产党的指导员。这是民间自发建立的烈士纪念碑，至今香火旺盛。

揭阳榕城区新兴街凤围村有座"黄石公祠"，却是由邢、连、颜三氏共同供奉。原来南宋时，邢氏的七世祖被人诬告谋反，犯灭族之罪，邢氏子孙只好改姓连、颜，四处逃难，后来朝廷派黄石将军前来戡乱，经过调查，查无实据，黄石公如实回禀朝廷，邢氏才化险为夷，为了表示对黄石将军感恩戴德，便在邢氏祠堂旁边建立"黄石公祠"，世代供奉。这也反映了潮商知恩图报的性格。

第七，祖宗崇拜系统：潮汕各姓氏的祖先，事实上也被当作神来对待。例如，揭阳槎桥有两座独特的古庙：东洋古庙与仙槎古庙，供奉的"中顺大夫"和"五显大帝"，其他地方少见。原来就是本村杨氏开基先祖北宋中顺大夫杨绘，和他梦中指点其南下的仙人。

三山国王庙遍布潮汕大地，实际上也是潮商的共同祖先。三山国王起源很早，文献上说它"肇迹于隋，显灵于唐，封于宋"。现在表面上是作为揭西县境内的巾、明、独三座山峰的代表，形象是骑虎巡山的三兄弟，所以也是山神。但究其实质应是早期带领潮商在这里开天辟地的三兄弟，因开发、保护地方有功，被奉为"三山国王"神。祖庙位于揭西县河婆镇，内中供奉了许多中华民族的祖先：黄帝、神农、开山祖师、鲁班祖师等，几乎成为中华民族开发历史的博物馆，是中国下层民众自发地进行传统教育的地方。每年都有许多来自粤东各地、台湾、香港以及海外的潮商、客家人，越千山、跨万水，来此拜祭，以慰思乡念祖之情。这种对祖先不忘本的美德，是中华民族凝聚力的表现。

第八，行业祖师崇拜：木匠供鲁班，花农供水仙花娘娘，演员拜田元帅，纺织工人供奉轩辕和嫘祖、王（实际是黄）道婆，茶商供陆羽，接生婆拜注生娘娘，药农供孙思邈，商业供赵公元帅和关羽。盐业在其他地方供管仲，而潮汕地区则供海神龙王与土地，各行业几乎都有自己的神。

第九，地方风物传说中的人物。几乎每个在本地流传的传说、神话、故事，最终都能结晶出一个"神"。澄海莱芜湾附近有几个岛，就造出了莱芜神女，说她因下凡为海民做好事而被玉皇肢解，形成几个岛。揭阳登岗古时有个聪明儿童早夭，被奉为"风雨圣者"，保佑风调雨顺。划船的以其诙谐乐观的特点造出个"桨官爷公"，其形象是戴风雨帽，

揭阳登岗的雨仙爷

屈单膝而坐，一手拿折扇，一手拿个大烟袋，最奇特是戴着墨镜，滑稽可乐。管生育的，有德生娘娘；管小孩出麻疹的，有珍珠娘娘；管出水痘的，有珠珍娘娘。潮汕的土地神和灶王爷也多是由本地的人神担任，每个都有一段故事来源。有许多就是为民众做过好事的历史人物，如原籍福建白礁的吴夲，一生行医施药，后世便尊其为保生大帝。揭阳锡场的保生大帝庙就是林氏祖林南陇于元至正十三年（1353年）由莆田迁来时，带来保生大帝神像，并建"英灵庙"祭祀。其他传说诸神还有三仙（李白、华佗、何野云）、八仙、公婆母（花公、花妈）、慈悲娘娘、七圣夫人、舍人爷、三义帝君（刘备、关羽、张飞）、太子爷、魁星爷、虱母仙何野云、木坑公王、寒妈、指挥大使、显娘、五谷母、安济圣王等等。潮汕人在这方面创造力真是惊人而独到。

第十，还有一类特殊的神，是本地人成神传到国外供奉的。最著

被称为虱母仙的明末起义军领袖何野云仙位及其在潮阳贵屿的墓

名的是汕头蓬州的翁万达。他是明代嘉靖时期的进士，三次被任命为兵部尚书，曾经在南方和平解决安南问题；在北方，抵御俺答的进攻，保卫了北京和中原的安定。后来受到昏君的不公正待遇，死后被旅居泰国的陈氏奉为英（翁）勇大帝神。现在泰国有英（翁）勇大帝庙30多座。

潮商的神祇崇拜都有什么特点？

第一，非宗教化。潮商的神明虽然很多，但是宗教心理却很薄弱。除基督教外，真正办理入教手续的很少。即使那些自称皈依佛教的居士们，也大多没有入教。潮商所供奉的诸神大多属于道教系统，然而真正皈依道教的更是很少。信者绝大多数分不清佛道，更不论其原旨，只要是神明，便认为不可怠慢，以便在心理上多一份保险。老树、巨石，甚至宏伟建筑，皆在可拜之列。既不讲宗教的仪轨，也不念什么经文。今日潮商之拜神，完全成了一种习惯性行为，大都是宁愿信其有而善待之，不愿信其无而侮谩之。

第二，崇拜但不迷信。《汉书·地理志》说："楚人信巫鬼，重淫祀。"现已大有改变。"信巫鬼"的情况因医疗技术之普及和发达，在潮汕已基本绝迹，很少有人找巫婆、神汉看病。现在拜神演戏时，已完全是人们自己在欣赏。戏中"送太子"之俗，即将戏中的太子人偶请到神像前配享一会儿，演完戏即还给剧团。这实质就是一种图吉庆的表演。再如,澄海盐灶乡竟有游神时拖老爷之举,即游至某地时,由众多壮汉拥到抬神像的轿子上抢拖神像,以能拖倒神像为幸,直拖扯至神像面目全非为止,然后再重塑新像。以此种"大不敬"方式敬神,恐怕也是世上所罕见。

第三,尽可能与现代文明相结合。在潮汕,不管什么寺庙前,一般先设天地父母牌位,以祈祷国泰民安、父母康健为目的。寺庙往往也极尽装饰之能事:嵌瓷、镶瓷、塑花,各臻其妙;浮雕、圆雕、透雕,各显神通。加上现代化的声光电手段,一改旧寺庙那种阴森恐怖的氛围,成为民俗活动和民众休憩的场所。原来用以敬神驱鬼的一些表演活动,也一改其原旨,成为民众自娱、娱人的艺术活动。潮汕有名的英歌舞,威武雄壮,造型奇特,近年来多次在全国艺术表演中荣获大奖,其原型就是游神时用以驱鬼逐疫的傩舞。

潮商的敬神动机大多是出于保险的心理,事实上他们是"信而不迷"。"信"什么?一句话:潮汕人什么都信,但对什么都不"迷"

汕头开埠时期的天后宫和关帝庙

信。潮汕庞大的"迷信大军"信奉的是万物有灵,认为既然万物有灵,那么就最好都不要得罪。可笑的是,他们对所拜的"老爷"的性质、来历,几乎一无所知。仅对其主管的作用略知一二。不知道的就乱拜,不管所拜的诸位"老爷"的宗教派别,更不管神是哪朝哪代,"只要拜就比不拜好"。于是,"拜老爷"就成为潮汕家庭妇女的日常功课,每到初一、十五或各种民俗节日,家庭主妇就要用篮子担着祭品到附近所有神明点拜祭,不会漏掉哪一个。有人嫌这种轮流拜祭的办法太麻烦,索性将一大堆神的名字写在一个牌位上,在这里拜一次,就"毕其功于一役",一下子全解决了。这既反映了现代人的浮躁心理,也反映出在越来越多的神明面前无可奈何的心态,可见拜神完全是自欺欺人的。许多潮汕人的这种拜祭已经成为一种机械行为,人拜我也拜,信不信是另外一回事。因此也不管崇拜对象的来历和管辖范围。比如完全不求生孩子的老年妇女,也照样要拜"花公花

妈"。她们认为多拜一个神，就等于多买了一份保险，而"支出"的祭品并不因此而增加，不过是多叩一个头，多点一支香而已，是很划得来的。至于非偶像神，如老树、巨石、高大建筑等，之所以也要拜，就是宁愿信其有神，不愿信其无，也是保险心理在起作用。譬如，大埔芝山岩北门，有一块外形像狮子的石块，看起来像是有五个小鬼在石狮的背上嬉戏玩耍。当时附近的居民常到石头宫庙祈求平安、农作丰收、招财进宝，尊称为"金狮"。并且流行起让孩子拜"石头公"做"契父"的习俗，希望小孩的头像石头一样硬，身体像石头一样硬朗。将祈求来的一条红线绑住一个铜钱。在农历八月十五日这天信徒会带着"契子"来感谢石头公的保佑，并再换一条有新法力的红线，吃一碗平安汤圆，直到16岁回来"退贯钱"，表示已经长大了。这就是地道的保险心理。既然是把拜神当作保险手段，人们就并不完全迷信于神。比如家里孩子生病了，首先要抱去医院看，

潮州广济桥

打针、吃药,一样不少。回到家里,将孩子哄睡觉了,老太太就会拿上香纸祭品到神龛前面拜,附近有几个庙都拜,心想:只要有一位灵验,我就"赚"了。这哪里是迷信,是地道的保险心理。总的来说,潮汕地区的诸神崇拜是比较兴盛的,但因其不害人,符合信仰自由原则,也就允其存在。政府和有识之士正努力使其逐渐改造、变异,转化成有益于人民群众生活,有利于社会精神文明的活动。潮汕地区的许多所谓敬神的活动,逐渐已经向民俗活动过渡,也就是社会学家所说的"从迷信走向俗信",使其成为文艺活动的形式。而作为建筑物的庙宇,本身就是文化的载体,其中融入许多艺术成分,更不能否定。

迷信的基础是愚昧,那种相信大树显灵,跑去包点泥土、树皮,回家当药吃的迷信,潮汕见不到。潮商有句俗语说:"敬重伊是身老爷,勿理伊是块柴头。"很能说明潮商敬神的心理。做生意的人,绝不会因为神明说运气好而在家静等发财的。

CHAPTER 17

第十七章
潮商的慈善本质

潮商的慈善意识很浓，其源于对中华传统文化的全面继承。"与人为善"是中华传统文化中的一个亮点。善也是以中国和印度为代表的东方文化的核心。仅就世界观而言，概括地说，以非洲为代表的人类早期文明是以神为中心的，由此衍生出来的以欧洲为代表的西方文化以基督教为出发点，仍然是以神为核心内容，认为人性是"恶"的，人一出生就带有"原罪"，人的一生就是赎罪的过程。西方虽然也讲善行，也有慈善会、红十字会等慈善机构，但其出发点，是替上帝拯救人类，自愿捐献钱财，却并不关心所施善的对象。而潮商的慈善，是从人性出发的，认为"人之初，性本善"。善是人天生的本性，一切"恶"皆是后天形成的。加上潮商对神明的信奉与崇拜，就更加强了慈善意识的培养。

这种善的意识，从小就扎根于潮商的意识中。受海洋文化制约的潮商，在海上活动，只有与人为善，当自己需要别人帮助的时候，才会得到救助。因此潮商将善意识与慈善活动看得很重，并且成为衡量好坏商人的一个标志。

潮商的善意识最外在的表现，就是无处不在的善堂。善堂是民间志愿者行善的活动基地。每个善堂都有本地潮商做支持者。他们多不露面，只是持续不断地捐助资金以及救济物资。潮汕的善堂多数以宋代佛教慈善家大峰祖师为号召，以佛教善行为宗旨，带动广大市民的慈善意识，从古至今都做了许多有益于民众的事。他们的善行不是一时的心血来潮，而是有深厚的中华文化的思想基础。因此，不管社会制度如何变化，也不管社会的价值观如何变化，潮商一如既往地、始终坚定不移地怀善前行。这是最宝贵的。尤其在旧社会，每当潮汕遭遇到风灾、火灾、兵灾时，老百姓都会得到来自海内外的潮商们的有力支援。许多共产党人与革命者被杀害，亲人眼睁睁看着不能收尸，都是善堂把他们收殓。至于在大革命失败后，给流落汕头街头的共产党人徐特立、陈赓买去上海的船票，也都是汕头的善堂。

汕头存心善堂每天免费供餐

潮商的善意识是不分种族与阶级的。这在某个时期曾经被批判为"丧失阶级立场"，其实这是潮商最广阔的胸怀，是最大的善。

潮商的善意识，第一表现为对自然的敬畏与崇拜。敬山：如揭西奉巾、独、金三山为"三山国王"；敬石：如潮阳海门奉三块海滨巨石为"大将军"；其他如大树、老井、河流、大海，皆予善待，表现了与自然和谐的精神。

第二是对植物与动物的爱，体现了对生命的尊重。潮汕的善堂常常收养被遗弃的动物，大多数是一些受伤或残疾的猫狗之类。当它们可爱时，许多人把它们当宝贝般养着，这不是善，只有当它们成为累赘的时候，善待它们，这才是善，也是人的博爱、大爱。潮阳正式成立了养生放生协会，经常举办讲座和放生活动。

第三是对人的爱，这是善的核心。首先表现在热心公益事业。从宋代的大峰祖师带头修建潮阳和平桥开始，修桥补路就成了潮商做善事的首选。潮汕早期的乡村公路，几乎都是华侨或带头致富的人出资修建的。从韩愈聘请赵德兴办乡学开始，直到李嘉诚、陈伟南、林百欣等捐资助学，在潮汕已经形成风气。此外，扶危济困、施舍米粮、周济灾民、施舍棺木、收殓弃尸等，已经成为潮汕善堂的日常功课。在这方面有大量事实可以说明。这也是海内外潮商引以为自豪的地方。

潮汕的慈善事业，以大峰祖师为榜样。宋宣和二年（1120年），温州僧人大峰，云游至潮阳蚝坪，适遇当地流行瘟疫、灾荒，大峰积极为民众熬药治病，见练江无桥，民众苦渡，遂发愿在此建桥。大峰花费数年功夫化缘集资，亲力亲为，终于在其圆寂前将大桥基本建成，民众感念其慈善之心，遂将地名改为"和平"，桥曰"和平桥"。并且将其葬在桥边山上，修建了"报德堂"，世代缅怀大峰的

汕头存心善堂始建于1899年，已逾百年

慈善精神。从此以后，潮汕地区找到了慈善事业的最佳形式——善堂。善堂本身并非佛教机构，也不一定有僧人主持，只能说是一个泛佛教组织。主要是以大峰祖师为号召，行慈善事业。至民国时期已经有500多家，而且遍布潮商所到的海内外各地。从此，潮商的慈善事业就进入了自觉阶段。当然也有许多善堂与寺院合为一体，或在寺院中专辟大峰祖师殿，以弘扬慈善精神。历代高僧大德，以身作则，堪为表率。他们的信条就是：以善为本，以慈作舟，帮民纾困，帮政分忧。

潮汕慈善事业的成功，关键在于要有高度慈善爱心人士的主导与支持。近代早期开办慈善事业的表率，就是汕头存心善堂的第一任总理赵进华。

赵进华，潮阳人，曾任郭鲁莽的元兴洋行的职员。赵进华在善堂

服务50年，外界评价是"出纳无私，分毫不苟，素为合埠士绅所钦仰"。赵进华到了古稀之年，仍然操劳善事。日夕步行莅堂数次。收尸时，他都亲临现场，即使是刑尸、腐尸、乞丐尸，亦亲自动手，坚持不"募人顶替"。"一律为之涤沐，然后加以穿戴"，"每尸装衣七套"。"尸户或酬以钱，涓涓归公，不入私囊。"他偶尔在善堂吃碗稀饭充饥，每月仍照交膳费20元，从不占善款的便宜。"社内同仁，共体赵君之志法"，"存心善堂之名，于是独著，潮梅各属暨外洋人士，咸尔其名"，善款源源不绝。善堂"或因经费支绌，赵君亲自躬门劝捐，少有却之者"。赵进华是潮汕慈善事业的代表性人物，诚如存心善堂碑记中所言："一国有贤人，一国同享其幸福也；一乡有贤士，一乡同享其幸福也。"

新中国成立后，政府民政局负责对善堂进行统一管理，继续弘扬潮商的慈善精神。各善堂也足具敬业精神。潮汕善堂善友，均为志愿者，自己不但不从善堂拿取报酬，每年还要缴纳一定的会费，并负责宣传、劝募，扩大善事。他们外出活动时，如同国际红十字会成员，头上戴着画有"红十字"的竹斗笠，到处受到人们的尊敬。存心善堂的行为宗旨就是：以善为本，以慈作舟，帮民纾困，帮政分忧。他们以实际行动弘扬潮商的慈善精神、敬业精神，自觉无私，认真管理，博得公众一致公认。他们定期公布账目，以求社会监督。

1939年以后，在日寇占领潮汕期间，人们生活陷入绝境。潮州僧人释莲舟联络潮汕各地慈善机构，成立了潮汕佛教慈善救济联合总会，开展救济工作。即使在他流亡香港期间，仍然坚持从事救济灾民的工作。经他奔走联络，由八县商会长孙家哲（揭阳人）与华侨潮汕赈灾团代表麦仲云等接洽，把6500包大米（每包120斤），用"潮州号"船运至汕头，救济灾民。此后又连续运送大米十多次，每次皆在5000包以上，时间长达一年，人们亲切地称之为"和尚米"。此举拯救了一大批濒临饿死的儿童，潮汕人对此记忆尤深。

1937—1939年间，潮州僧人释莲舟联络潮汕各地慈善总会捐款，资助创办汕头市的存心、诚敬、诚心、敬爱等4所小学，又在漳潮会馆旧址开办觉世小学。

1943年9月24日夜，飓风袭击汕头，市民死伤甚多，时值被日寇沦陷，老百姓缺医少药，公私医院停办，市民陷入医疗无助境地。汕头由存心、诚敬、慈爱、延寿、诚心五善堂联合发起，将原有善堂诊所合并，成立五善堂诊所，下设门诊部和留医部，对市民行医救治。同济善社还协办了同济医院，解决了沦陷时期老百姓的医疗困难。

新中国成立后，尽管由政府办学，但佛教慈善协会仍然组织捐款，参与资助少数民族地区办希望小学活动，1996年全省宗教界就捐款150万元。

2011年，汕头市慈善总会发起设立关爱女性健康基金，在全国率先成立关爱女性健康公益门诊，本着"倡导公益慈善，造福女性健康"的精神，为一些特困家庭的女性病患提供了切实的帮助，演绎了许多感人的救助故事。同年，在澄海某玩具厂打工的一对湖南夫妇，他们23岁的儿子陈兵兵被诊断患了慢性粒细胞白血病，需要进行骨髓移植才能挽救生命，手术费用高达40万元。夫妇二人一筹莫展。二人所在的工厂员工们自动发起捐款活动，凑足了费用，又得到台湾一青年志愿者自愿捐献骨髓，并且配型成功，完成了移植手术。在社会慈善人士的多方帮助下，陈兵兵终于从死神手中被抢救了回来，同时也谱写了一曲社会慈善的赞歌。

在潮汕历史上，善堂最早设立水龙（灭火）局，组织专职和义务消防队、救护队、水上救生艇队和陆上方便队，配备消防汽车、救护汽车等，在旧社会中担负起社会救助义务。尤其在城市居民密集区，发生火灾，能得到及时救助，成为城市生活的重要保障。

以佛教信仰为依托的潮汕善堂，在全国乃至全世界都是一种创举，是对世界慈善事业的一种贡献，因此也成为潮商文化的重要组成部分,不计较政治观点、党派背景,以佛的无限宽阔的胸怀,以天下生灵为子民,爱护之,培养之,不仅倡导他们的善行,还要滋养他们的心灵。善堂还设有经乐组,承续佛教音乐传统,不仅对日常的诵经活动予以美化加工,还对社会人士传授潮州音乐。潮州音乐大师杨广泉,8岁时就拜澄海某善堂经乐组的袁组长为师,由此打下了潮州音乐的基础,并且炼成了以佛教打坐的姿势奏乐的习惯,成为一绝。

潮商通过善堂的形式,对民众提供的不仅是慈善事业,更在心灵上培植了善良的爱心。这种无形的影响使潮商普遍形成了精神层面的美德:对别人常怀慈善之心,对接受者要常怀感恩之心。这种美德逐渐成为潮商的人生观的一部分。正如饶宗颐所说:"潮汕善堂文化的特色,是潮汕人现实主义的处世观点,糅合了释儒道的哲学思想所形成的特殊文化。"

总之,每个人在善的感召下,都可以有所作为。富贵不能掩盖善行,贫穷不能剥夺善行。只有如此,善行天下,才能实现和谐社会的伟大目标。

汕头存心善堂

第十八章 潮商的拼搏精神

CHAPTER 18

在剖析潮商成功经验的时候，我们首先要从世界观入手。世界观是一个非物质的东西，只有通过外部的表现才能予以观察。例如，同样是饱经风霜的农民与渔民，从外表沧桑的面孔上，很难看出他们的区别。但只要一经交谈，就会了解他们对世界的看法竟然根本不同。

比如，对星空的看法。一位老渔民说："我在海上，就依靠看星星，才能知道自己的位置，也才能找到回家的方向。"从前的普通渔船上，没有什么科学仪器可以利用，全凭辨认太阳和星星的位置来确认空间和时间。他们从实践中总结出许多切实可行的土办法，这些办法虽"土"，却是符合科学的。在海上，谁拿迷信当真，谁就是拿生命开玩笑。而在大陆文化中，看见一颗流星闪过，我问一位老农"想到什么？"他说："地上又有一个人死了。因为每个人头上都顶着一颗星星。人死了，星星就会掉下来。"这是"天人感应"的思想。在大陆文化中，认为"天"是至高无上的，人世间的灾异都是"天"的惩罚，因此要靠天吃饭，"天官赐福"。革命，就称为"翻天"，是大逆不道的。孟子说："顺天者存，逆天者亡。"中国直到后来产生了"天人合一"的思想，才成为正确处理"天人"关系的指导思想。

人类在大自然面前是十分渺小的，因此人类必须学会如何顺应自然，认识自然，利用自然。在古希腊的悲剧中，不乏受"命运"捉弄的情节，人无论怎样挣扎，最后也未能逃脱命运的安排。这样的认识，看起来令人气馁，但却有利于培养人科学的实事求是态度。

早期的海洋文化则认为世界是无限

海洋生产永远是艰苦的

的，于是充满了探索世界的欲望，涌现了许多海上探险家，最终完成了环球旅行，由此开始了殖民时代。而大陆文化认为世界是有限的，唯我所知。明代的郑和船队，虽然已经拥有环球航行的能力，却从无这种冲出"天圆地方"的想法。

海洋生产方式必然产生海神。在波涛汹涌的大海上与风浪搏斗的人，完全无法借助陆地上任何亲人的力量，导致"血亲"观念较轻。人类仅仅几百万年的历史，与几十亿年的地球年龄相比，人类对客观世界的认识，与宇宙无限的真理相比，都是微不足道的。最新的消息说，天文科学家已经发现距离我们2400亿光年的宇宙星系A1689-ZD1，然而这显然不是宇宙的"边缘"。那些我们不知道的、或不能理解的东西就是"神"，永远不知道，就永远都有"神"。

海洋文化的宗教观念强，大陆文化的迷信观念深。宗教观念产生于对宇宙无限的敬畏，迷信则产生于对事物缺乏本质的了解。因而，一旦了解了，迷信也就消除，神也就不存在了。这也是原始宗教信仰逐渐式微的原因。例如，潮汕地区对风伯、雨师、雷神很少供奉；中秋节拜月神的也日渐减少，大多数只剩下吃月饼、赏月了。月亮被征服了，她就成为人类美好生活的点缀。相比之下，佛教在潮汕大行其道。因为人死后的情况，至今尚无科学定论，也无从证明佛教的理论是"妄说"。人们大多数抱着"宁愿信其有，不愿信其无"的态度，实际是建立在对死亡的惧怕和对来世的祈求上。所以对待生死轮回的态度，也是人世界观的一部分。

潮汕男人对死亡一般都比较淡定，从事海洋生产或冒死"下南洋"的人，是明知海洋凶险，但为了生计，只能冒险，只能取"听天由命"的态度。他们一旦投入其中，就只能"舍生忘死""视死如归"。在这个前提下，奋力拼搏，以最大的智慧和勇气与环境搏斗以求生，才是最明智的。

在海上惊涛骇浪中搏斗的潮商，认准一个真理：消极退缩等于死亡，积极拼搏才有生路。希腊有一句谚语说："渔夫们知道海的危险和风暴的可怕，但他们从未把这些当作待在岸上的充足理由。"这就是海洋文化对人生的基本态度。虽然大家都得受命运的摆布，大陆文化的人是被命运领着走，海洋文化的人则是被命运赶着走。在海上经历过《鲁滨孙漂流记》那样遭遇的人，不是个别的。在孤岛上求生，不仅要有极大的毅力，更要有平时锻炼的生存能力。白天看太阳确定方位，夜晚靠星星确定时间，要懂得从植物的根茎中找到水分，懂得用石块在沙滩上摆出求救信号，要能分辨岛上植物哪些有毒哪些能吃……每个渔民都有一身这样的本事，如同农民懂得如何下种、如何收获一样。这种拼搏精神，也深深地感染着从事陆地生产的潮汕人，使得整体都体现一种积极精神：靠天活命，靠自己吃饭。随着市场经济的发展，潮商正在由大陆文化世界观向海洋文化世界观转化。

海洋是深邃的，更是无情的。人类可以征服世界最高的山峰，可以到达月球、火星，可是现代科学技术至今未能征服出没风波里、最深的海底世界。

从古至今的各种工作岗位中，海洋生产仍然是最危险的职业。在过去，渔船出海前，再穷的家庭也要做些好吃的，款待亲人出发。因为出海后，能否回来，谁都没有保证。在沿海各地，到处都有望夫石、望儿山之类，承载的都是陆地亲人对海上亲人的挂念。在汕头南澳岛关帝庙前，每年都有大规模的民间祭海活动。届时家家摆出供桌，旌旗飘扬，供品丰盛。名义上是祭祀关羽，实际上是祭奠海上的亡灵，因为海上遇难的人没有坟墓，不可能像大陆上的人那样在清明节扫墓。由此，也可看出海上生活的艰辛与苦难。

海洋文化生产方式是流动的。流动，不仅是大海的生命，也是海上生产的生命。打鱼也好，运输也好，都必须流动。"流动"这一活跃的基因，贯穿在一切海洋文化的实体中，在潮商身上体现得最充分。

古代丝绸之路上的将军有"青山处处埋忠骨，何必马革裹尸还"

的豪言壮语；海上拼搏的人更是四处漂泊，只要看见一块陆地，就找到了"家"的感觉。他们认为大海既然是所有生命的起源，也是人的最后回归之处。

在一个渔村里，我曾经与渔民们一起谈论看电影《白毛女》的感受，一位老渔民疑惑地说："那个杨白劳连死的决心都有，他为什么不跑？"这就是海洋文化的思路。大陆文化则全然相反，亲人、名誉、面子，诸多因素把人牢牢地固定在故乡土地上，才能保障农耕生产的延续。因此即使到走投无路时，"我也要死给你看"，以死抗争，到仇人门前去上吊，到法院门前去自焚，都是这种思路。

潮商崇尚流动，只要走出潮汕这"省尾国角"，就被认为是"有出息"，至今在海外有1500万人，大部分是成功者。海洋文化的人头脑灵活，转向快。潮汕人临街住的底层居民几乎家家开商店，如果一个月不赚钱，马上就换别的商品卖，或干脆改行。陆地上的人往往看什么东西畅销，一哄而上。潮汕人则专找别人没有的行业去干，卖别人没有的商品，由此才能成功。汕头经济发展的经验就是"喜新厌旧"，善于开拓新领域，这就叫创新。

流动导致开拓进取精神。海洋文化主要是面对人与自然的矛盾，而人在自然面前是平等的，决定命运的是自己的努力。在大海的风浪面前，如果退缩，就只有死亡。恶劣的自然环境培养了拼搏精神。潮汕人碰上杨白劳的境遇绝不会自杀，他们认为，既然连死的决心都

汕头港船只

有，要么就拼个你死我活，要么就远走高飞。乘红头船在大海上漂荡，九死一生，本身就是一场生存的拼搏。

潮商的流动不是被动的，而是自觉的行动。他们先在东南亚地区落脚，有了机会就继续流动到欧洲、美洲，现在世界各个角落几乎都有潮商的身影。积极的人生态度，使潮商获得了整体的成功。

海洋文化崇尚生存竞争。人到了海上，就要不停地与天斗，与海斗，与人斗，只有在斗争中才能求得生存。为什么外地人总觉得潮阳人好打架？就因为他们大多具有海洋文化人生观，遇到对自己不利的事，敢于起来维护自己的利益，不愿意吃哑巴亏。人们常说"在商言商"，暗含的意思就是公平竞争，也暗含着六亲不认的意思。潮商管这种公平竞争叫"斗工"。这种"斗"绝不是动用刀枪的蛮斗，也不是暗地使坏的"阴斗"，而是公开的技术竞争。

渔船上的老大是靠技术与胆识"斗"出来的，好的工匠，好的戏班都是"斗"出来的。以前，潮商在建筑大型工程时，如寺庙、宗祠、宝塔、大宅院等，一般都要请两个或两个以上的由著名工匠带领的施工集体来，同时参加营建，比赛建筑水平、工程质量、手艺技巧、认真态度。特别是那些细致的房屋构件，如屋脊、鸱吻、嵌瓷、斗拱、藻井、木雕、石雕、泥塑等，尽显各人才能。这种"斗工"习俗，提高了工匠的整体技术水平，有利于推出新人，正如潮汕话所说"无脸当死父""牛角唔尖唔过岭"。影响所及，潮商连品茶的质量高低也称为"斗茶"。潮商还喜欢"斗戏"，也是鼓励这种公平竞争。

"斗戏"多选择在民俗节日里，一个不大的村庄往往同时摆开几个戏台同时唱戏，最后看哪个剧团的观众多，酬劳自然就高，在外的声誉也高。清光绪年间，澄海莲阳下社为庆贺帝君庙竣工，"斗戏"时请了53班，可谓赛之极致。"斗工"固然促进了技艺的提高，但也在人们心里造成"不服气"的人生追求，也会因此引起"窝里斗"的弊端。这也是潮商文化中常见的一种心理素质，但更多的还是积极的生活态度。

CHAPTER 19

第十九章
潮商的互助精神

动物的天性有群居与独居之别。越是处于食物链底层的动物，如蚂蚁、蜜蜂、沙丁鱼等都是集群而生；反之，老虎、狮子、鲨鱼等，除了发情期外，多是独来独往。

人类在进化中则把这种动物性上升为理性。越是独立性强的工作，越不善于互助，如手工业技巧，强调"传男不传女"；文艺创作惯于"文人相轻"；反之，越是危险艰难的行业、技术复杂的现代企业，越需要团结互助。许多现代企业都把"团结"与拼搏、创新等一起列入企业精神或学校校训。相对于农业文明而言，互助合作精神就成了海洋文化的生命。

潮商的特色是大陆文化与海洋文化的高度结合。当资源稀缺的时候，多数要拼命争斗。如竞选官长（稀有的政治资源）、争夺优质地块（稀缺的经济资源），在艺术品拍卖会上（独特的文化资源）等场合，大家都会争得你死我活，甚至使出拉票、行贿等不法手段。

潮商对市场资源的认识不同于大陆文化。表现在经商方面，潮商认为，商海与大海是一样的，海洋里的鱼捕不完，市场里的钱赚不完，认为"众人脚毛打成索"，相信"贫困看朋友，患难见真情"。"有钱大家赚"，是潮商的口头禅。因此，潮商不妒忌别人的成功，钟情于互助合作。潮商的成功很大程度上靠的是互助精神。

一般而论，经商并不需要集体行动，反而是各出奇招，相互保密，信奉"同行是冤家"的古训。为何潮商却会反其道而行之呢？这是由其海洋文化的特性决定的。潮商所从事的多是与海洋有关的行业，如海洋捕捞、海水养殖、海上运输、国际贸易等。在海上生产、行船运输时需要团结互助是不言而喻的，不仅生产需要集体合作完成，御敌自卫更需要团结合作精神。

在汕头市金平区鮀东村有两座天后宫，明明是人们熟悉的海神庙，有时却用红纸横额盖在门楣上。一所天后古庙上写的叫"义盟公司"，这个"公司"却不是卖东西的，它到底是干什么的？看两旁的对联就清楚了："义气同心同德，盟志共愿共酬"。开首两个字就是"义盟"。这个庙就相当于联盟结义的公证处。在桥华街另一处天后宫，横额上写的是"忠烈社"，对联是："义当所为，准日酬恩践诺；烈其天职，随时资友扶亲"。这里说的就更为明白了，就是倡导互助精神，认为这种"随时资友扶亲"的行为是每个潮商的天职。

这种相互帮助的精神，是由长期的海上生活养成，是由生产方式决定的。渔民是以海作田的，尽管在陆地上有时也不乏"窝里斗"，但一到了海上，则"一浪泯恩仇"，必须相互帮助，才能同舟共济。因为在浩瀚的大海上，再大的渔船出没在波涛中也不过是一片树叶，危机和灾难时刻威胁着渔民。在危难中最亲近的，不是远在陆地上的亲人，而是有缘相遇的最近的船只。古时海上海盗横行，所以在海上相遇的船只并不都是朋友，怎么识别？潮汕渔民就认红头船的标记。在海上遇到困难，看到船头是涂成红色的，就知道是潮商乡亲，靠上前去求助，绝无置之不理之事。否则，该船就会名声扫地，为同行所不齿，也就失去了在海上"混"的资格。倘若遇上海盗，红头船们也会自动靠拢，互相掩护，共同制敌。在船头上涂不同颜色，本是清廷为了管理方便而规定的，但只有潮商的红头船保留至今，正是因为它适应了潮商追求团结互助的需要。

明清时期，昏庸的封建统治者，不仅不能保护渔民的海上安全，反而常常下令封海，这等于断了渔民的生路。勇敢的渔民联合起来，占据海岛，实行武装割据。南到印度尼西亚，北到浙江定海，都活跃着潮商为主的海上武装贸易集团。由于对这方面的研究不够，历史上一股脑地称他们为"海盗"，既不公平，也不符合事实。但我们知道一点，不管是"海盗"，还是"武装走私集团"，还是"海上贸易集团",维系他们的精神力量,就是一个"义"字。在北方,联盟结义,一般都要到关帝庙里,以刘关张桃园三结义为榜样,在海边没有关帝庙的地方,就把天后古庙临时改为"义盟公司",总之,有神明作证就行了。广州当年三元里抵抗英军侵略,也是在三元古庙里结义誓师的,道理是一样的。

潮商的互助精神有两个层面:一个是横的方向上的"抱团取暖"。大家共同把市场做大,追求资源共享,信息共享,最后达到成功共享。这自然需要比农业文明更广阔的胸襟和更长远的目光。在西方殖民主义者开辟世界领域的市场的几百年历史中,已经证明了这一点。在闭关锁国的旧中国,基于农业文明的晋商、徽商等传统商业,市场被权势垄断,无异于被禁锢在固定的笼子里,资源有限,只能在笼子里争食,于是自立旗号,单打独斗,以同行为对手,就成为必然。在这种情况下,谁能更多地得到"主子"的青睐,谁就能"吃饱",只能依靠权势的力量,战胜对手。一旦打开笼子,让他们到世界大市场中竞争,自然就会败下阵来。

早期,强调的是潮汕移民的内部互助,以亲缘、地缘、族缘,甚至是同乘一条红头船的缘分,结成坚韧的纽带,不断扩大海外移民的规模,共存共荣,成就事业。后期,则强调与本土人的团结。潮商到

异国他乡，不是去当殖民主义者，去掠夺财富，而是定居、移民，成为当地社会平等的一员。潮商更以低姿态进入，从小商小贩做起，很容易就能融入当地老百姓的社会生活。这就是与当地人团结的妙用。

潮商的互助精神，除了"横向"作用外，还体现在"纵向"作用上，即对后辈子弟的提携帮助。

从前，在生活困苦的潮汕乡村，男子"出花园"（即民间成人礼）后，就会自觉担负起家庭和社会的责任，开始筹划"下南洋"了。其目标自然是投奔已经在南洋的成功人士。当然最好是与自家沾亲带故的。实在没有这样的人脉，就要"高攀"亲戚的亲戚、朋友的朋友。

在潮汕，一个村庄的人，只要有一个在海外站住了脚，有了发展的基础，村里的年轻人就可以"一条水布下南洋"去找他。可能并不认识，不要紧，你只要会讲潮州话，能说出你的父母、亲戚是谁，住家旁边有什么特征，对方就相信你是个同乡或是同族人。如果你能带一点对方熟悉的家乡土特产，不必贵重，如菜脯（萝卜干）、橄榄菜、红桃粿之类，就更可以证明你的身份了。所以潮汕至今管这种见面礼叫"手信"，就是信用的象征。主人认可后，你就可以在他手下白吃、白住，帮他做事，慢慢地找工作，积累资金，成家立业，直到

汕头礐石风景区

自己开公司。一旦成功了,你就要把报答主人提携之恩,转移给其他乡亲身上。所以有人总结说,"感恩"是潮商事业发展的一个动力。在事业上,每个人都有"资友扶亲"的义务。

潮商由此创造出了具有中国特色的海洋文化。因为在世界海洋文化观念中,从来没有"义"的概念。他们信奉所谓"没有永远的敌人,也没有永远的朋友"。这显然不符合中国大陆文化的观念。于是,潮商就把大陆文化中的"义"带到了世界各地。在海外,潮商靠这种乡情的凝聚力,相互提携,相互帮助,赢得了在全世界的顺利发展。"潮商最抱团"是尽人皆知的。

潮商地处"开眼看世界"的最前列,深知"抱团取暖"的好处。尤其最初对外拓展,在海外生根,发展从点到面,铺展开来,全靠互助合作,相互携助,共渡难关,营造了对整个潮商经商有力的大环境。为了维持这种团结互助的大环境,潮商几乎每年都有全球性大聚会,国际潮团联谊年会、国际潮商青年联谊会、国际潮学研讨会、国际潮商大会等交互举办,在世界各地轮流举行,不仅开拓了潮商的业务范围,也促进了所在国的经济发展,受到当地社会的普遍欢迎,潮商名声更是不胫而走。如此,潮商在每个异乡他国,都能很好联合起来,对付其他地方的"散兵游勇",自然就可以稳操胜券了。"会讲潮州话,走遍天下都不怕。"这就是潮商的骄傲,也是潮商适应市场经济发展最重要的有利条件。

CHAPTER 20

第二十章
潮商的经营技巧

看潮商做生意，简直是一种艺术。前面所讲多是海外成功人士，似乎还不足以说明海洋文化因子对潮汕本土的浸入。普通潮汕老百姓在家里亦居亦商，小打小闹，通常自己叫"做生意"，以区别于大规模的"经商"，其实，性质是一样的。

我们在内地经常会看到居民楼临街而建，出入的大门多开在背向市井街道的一面，以求清静、安全，其实同时也就拒绝了商业文明。在潮汕地区，从设计一开始，就融入了商业意识。临街的居民楼，底层楼一概前后留门，预留开店，前门卖货，后门进货。大门外修建一米多宽的走廊，广东叫"骑楼"，晴天防晒，雨天避雨，这样才能把潜在的顾客拉进自己的商店。于是人们看到位于潮汕城镇临街的房子没有不开店的。这并不是现在才如此，从汕头开埠以来一直如此。现在更已经习以为常，可是倒退30年，在中国不是特例吗？在全国学大寨时期，北方公社一级的乡镇，一般只允许有两三家商店：县百货公司派出的分店、乡镇供销社、生产资料供应站等，绝不允许私人开店。这样巨大的差距，并不是简单的行政命令所能制约的。海洋文化的商业意识已经融入社会的基因里，成为生活的一种正常方式。

在潮汕城镇的每一条大街上，你都可以看到这样的情景：一家家小百货店比邻而居，阁楼上住宿，楼下卖货，把货品从屋里一直摆到骑楼的走廊边上，有的夜里也不收起，只是用塑料布一盖，深夜来买东西，也不会拒绝。白天平均一家不到一个顾客。似乎冷清的摊子前，坐着一个小姑娘，一边在写作业，一边在照料生意，只有来了大生意的时候，小姑娘才会叫出妈妈。妈妈也是一面做饭一面照料生意，男人则在外面找别的"活路"，顺便给家里进货。这样的经营成本就很低，这就是"亦学亦商"。潮汕许多开小吃店的，待客人甫一坐下，立刻就会有一个小男孩过来，动作麻利地给你摆上碗筷。这个男孩在学校里可能算术不及格，结账时，你给他一张大票，他绝不会多找给你一毛钱。这就是实践的锻炼。在以海洋文化为主的家庭里，考不考上学校并不重要，重要的是要在生意场上"拎得清"。这是不同价值观的使然。

店里一旦来了顾客，一定要想方设法把人留住，除了热情接待外，重要手段是请你坐下喝工夫茶。潮汕地区天热，容易"上火"，所以必须时时喝茶。然而水喝多了伤肾，于是就发明了这种质高量少的工夫茶，浓、苦、甘、热，一杯顶五杯，管用。可是能喝到嘴里并不容易。主人要生火、灌水、烧开，同时要筛茶、布茶（碎末在下，整条在上），水开后，先要烫杯，冲茶后你还是喝不到，还要洗茶、刮沫，把第一遍茶倒掉，好不容易可以喝了，还要玩关公巡城、韩信点兵等等花样。喝的时候又要讲究一观其色、二闻其香、三品其味，喝后还要感觉喉甘、闻其余香，最后还要赏玩茶杯，夸奖茶艺。这样一番折腾，与其说是为了喝茶，不如说是在给商家留出谈生意的时间和空间。主人在热情冲茶，又递你一支烟，客人自然不好意思走。

主人会主动搭话："老板是哪里人哪？"

"辽宁。"

"辽宁？我去过。我在沈阳当过兵。"

"是吗？什么时候？我家就在……"

顿时，两人成了交谈的朋友。这叫"烟搭桥，茶说话"，顾客喝了茶，不好意思走，就想说一件这里没有的东西好脱身：比如，明明是杂货店，却说"我想买汽车"。

"这好说，要什么牌子的？""没问题，喝完工夫茶到库里看。"

这边，老板一边陪你喝工夫茶；那边，家人或伙计已经用电话与相关厂家店家联系上了。对方10万元给他，这边11万元给你，赚你个差价。如果看你是外行，卖给你20万元也不心虚。即使那家卖汽车的就在隔壁，他也不愿主动把你让过去。这就非得有工夫茶支持着不可。这些，不是天天喝工夫茶的潮汕人是很难体会得出来的。

推想这工夫茶，一定是古代中原士大夫阶层创造出来的。在田里种地的劳动人民嫌它太耽误"工夫"，而改喝大碗茶了。相反，擅长做生意的潮汕人，就需要"工夫"来讨价还价，自然这工夫茶就派上了用场。奥妙就在这里。

潮汕有一些小商店，往往是名不副实的。店面的一切都是为了应付官府检查，老板多数都会多种经营。甚至柜台里摆的货品卖不卖得出去，并不重要，老板骑摩托车在外跑的生意才是重要的。

潮汕人做生意讲究"无商不尖"。大陆文化的市场做生意讲究"精细"，精细就不免在顾客身上精打细算；海洋文化比较见多识广，心胸较为开阔，做生意讲究"精明"，精明是"吃小亏占大便宜"。潮汕很早就吃"暹逻米"，就是现在的泰国米。因此，经营的米店很多。过去卖米多用升斗来量，装米后，一般要用一个木尺（北方叫"斗趟子"）将斗面趟平。有的不良商人在趟米时，用手握在木尺中间快速一划，趁机用手指将米多划出来一些，以克扣分量。聪明的潮汕人则相反，在最后趟米时，故意抬高手尺，使米斗上留出一个"尖"来，顾客自然高兴，于是生意大旺。这就是所谓"无商不尖"的来历。可惜，被后来的东施效颦者弄坏了规矩，才变成了无商不"奸"。不过，在潮汕仍然保持这种传统，商店里凡是可以零吃的东西，大多都可以品尝；在茶店里，任何好茶都可以现场品尝。即使在街边的菜市场里，买排骨，会帮你剁开；买鱼，帮你刮鳞；买牛肉丸，送你原汁汤；买熟食，奉送小包佐料；买完青菜，商家都要搭给一点小葱、香菜或芹菜之类；甚至于忘记带钱也没关系，以后给就是了，决不会出现"一分钱难倒英雄汉"的尴尬事。因为他知道，你再来还钱，肯定还要买东西，就又多了一次买卖。这些都是为了争取"回头客"，目的还是要在竞争中盈利。这就叫作"精明"。商家自己的生活则奉行大陆文化的节约原则，最大限度地降低成本，这就是"精细"。如果对己精细，对人吝啬，生意肯定不会兴旺。

从小处看大节，潮商善经商不是天生的，乃文化大环境熏陶的缘故。被称为"香港股神"的陈葆心的成功，就是一个典型。

陈葆心，1931年出生于澄海，家中有田有地，父亲是银行经理，家境十分优裕。因为家庭子女多，便把她过继给庵埠同样富裕的人家做女儿。战乱时曾经随祖母在汕头居住过。15岁的时候，被亲生父亲接到香港。因为性格倔强，不喜欢走读书仕途之路，多在社会上磨炼。结婚后，涉入股票之门30多年，由于敢替中小投资者说话，逐渐被吸收进证券商协会。历任香港联合交易所第一副主席、香港证券商协会主席，中润证券有限公司主席、物业投资公司威德葆有限公司主席、证券商协会有限公司副主席及永久名誉会长、香港特别行政区立法会选举委员会委员、香港第十届全国人民代表大会代表选举委员会委员、注册财务策划师协会有限公司名誉顾问、地产代理协会名誉主席等众多社会职务。

陈葆心的成功，就是海洋文化的社会氛围养育的结果。陈葆心虽然身为女人，却完全生活在外向的世界中。无论在自己家，还是在养父家，最终在香港家；不管是在澄海、庵埠、汕头、香港，全都是生活在海洋文化的氛围中。

人的文化积累源于三条管道：家庭教育、学校教育、社会熏染。大陆文化重视"学校教育"，信奉"学而优则仕"。而海洋文化并不看重"读书做官"这条路。因此更重视"家庭教育"与"社会熏染"两条。就以读书为例。以李嘉诚为代表的大陆文化家庭是因为家贫而读不起书，而不得不投身商海奋力拼搏。而以林百欣（潮阳人）、陈葆心为代表的海洋文化家庭，绝不是因为家贫读不起书，而是从小就重视实践的锻炼，不喜欢空读书、读死书。陈葆心正是因为少读了几年书，头脑中才少了许多封建教条，少了大陆文化最本质的特征——

循规蹈矩。而"循规蹈矩"恰恰是市场经济的大敌。陈葆心说她从小性格就"野",敢于与父亲顶嘴,敢于突破规矩,而这,正是市场经济所需要的本质性格。

陈葆心有了这样的性格和不自觉的海洋文化价值观的熏陶,一旦投入到市场经济的大潮中,自然就会如鱼得水,可以得大自在。文化底蕴决定一切。后来,得到机会进入股坛,其成功不可阻挡。

所以,在大陆文化看来,陈葆心的成功是奇迹;而在海洋文化看来,则是顺理成章的事。因为,她就是海洋文化的"女儿"。

CHAPTER 21

第二十一章
潮商眼中无贵贱

"门第"观念是大陆文化道德的重要内容，在潮汕也非常讲究，无论在哪个乡镇，都可以看到不少住宅门楣上镌刻的"状元第""进士第"等横额。初看起来，以为是这个家庭在宣扬出身的高贵，以抬高自己的身价。其实不是。这是在宣传家族整体的荣耀，是给外人看的。潮商大部分来自中原地区，最初移民至此，难免有各种困难，包括受到本地人的排挤。于是，只好打出祖宗的荣耀为自己支撑门面。时间长了，自己并不特别看重。其中不乏李唐王朝、赵宋王朝的嫡系子孙。在现实生活中，并没有人因此而特别看重他。长期以来，祖宗的荣耀只是一个摆在那里的符号，许多这样的院子已经破败不堪，无从炫耀了。

　　海洋文化看重的，不是出身，而是自身；不重历史，重在表现。到海外谋生，洋人不知"进士"为何物，即使知道了，也只是视你为"没落贵族"，与流浪世界的"白俄"一样看待就更惨。所以还是"隐蔽"出身为妙。而在"文化大革命"中，即使是"工人阶级领导一切"的时期，他们也并不认为自己低人一等。

　　大陆文化则不同，人们被统治阶级灌输的血统论所迷惑，相信"龙生龙，凤生凤，老鼠儿子会打洞"。于是，冒充某中央首长亲戚就可以骗倒一大片的事例层出不穷。在中国经济体制转轨中，确实有人借助家庭出身、父母关系而得到实惠。但这种人在潮汕很难吃得开，因为潮汕人重视的是个人的实力。

　　改革开放以后，潮汕本土涌现出许多"大款"，但很少有高干子弟，或高官下海的，或是利用国有资产转制而自肥的；多是从最原始的途径，一步步发展来的。

　　很多人都不是靠外来资本的资助而成功的，靠的是潮商一以贯之的经商韧性，和自幼在市场经济大环境中熏陶出来的悟性。

同样地，对待工作也是一样。潮汕人认为工作无贵贱，什么工作做好了，都能成功。从前面所介绍那些早期在海外称王的潮商所务的行业中，就可以看出，在哪个领域里都可以做成功。

大陆文化常常宣传"命运"的重要。海洋文化里的潮商则认为"命"与"运"是两码事。"命"指"天命"，其实是指人生不能选择的家庭和社会环境，所以要"认命"，就是不要怨天尤人，老是埋怨自己没有摊上个有钱有势的"好爸爸"，所以一出生就注定没有出息。这是典型的"北京大爷"的腔调。潮汕人认为，"命"固然无法选择，但"运"是掌握在自己手里的。大陆文化只靠"碰"运气，等于是坐等天上掉馅饼，其实是等不来的。"运"要靠主动搜寻，积极争取。"运"能改变"命"，而不要让"命"管住"运"。

在潮汕就是这样，任何职业都有人做，都不受歧视，避免了众人挤独木桥。汕头一位叫余生的朋友，是在菜市场卖咸菜的，他的咸菜干净、味正，远近闻名。同时，他又是一位非常有个性的作家。他在《羊城晚报》开辟的杂文专栏，俏皮、犀利、言之有物，刀刀见血。他还是《潮声》杂志的兼职编辑人员。有人说，这不稀奇，好多作家、演员都要在各种岗位上体验生活。这可不一样，作家、演员体验生活，那是暂时性的。余生卖咸菜，这是他赖以生活的职业。这里所体现的文化意义就更深刻一些。

所以，卖咸菜的当作家也好，作家卖咸菜也罢，在其他地方都是新闻，可是在潮汕，大家认为很平常。潮汕人认为，只要是能合法赚钱，职业没有低贱的，这是一。第二，卖咸菜比较而言，是一种简单劳动。但是，我有多余的精力可以在其他领域内发挥。于是，我们看到，原省委书记吴南生是位书法家、文物鉴赏家和文物收藏家；汕头市政府原副秘书长翁镇熙是诗词作家；汕头市作家协会原主席是海港的党委书记；民俗摄影家林少华是房地产的大老板；到处演讲的哲理画家李闻海则是泰国正大集团的副总裁。

总之，潮商有这个信念：职业是职业，兴趣是兴趣。职业只是人生事业中的不同岗位分工。兴趣才能真正体现人生的价值。只要对什么有兴趣，就一定要把它做成功。

出身、工作无贵贱的观念，是潮汕人适应市场经济很重要的一种素质。它是对中国几千年来正统价值观的突破和反叛，也无疑是通向现代化平等和谐社会所必需的优良素质。

过去，中国的富翁多出在内地（如山西）与沿河（如扬州）；现代的富翁则多出于沿海。这里有什么内在原因吗？

我曾经在吉林省生活了30年，许多亲戚朋友至今还在那里的城乡工作，个个都有致富的愿望，但没有一个成功发财；在汕头生活了27年，普通百姓的朋友也不少，但他们的生活仿佛年年都在上新台阶。两相对比，似乎有些规律可循。我们先来做一些现象分析。

第一，起步。在北方，朋友相聚，议论如何发财的时候很多，提出各种设想的也不少，但多是调侃和玩笑，真正付诸实践的很少。原因也不复杂，就是因为不敢冒险。20世纪80年代初，知道下海能发财，但不愿意放弃每个月78元钱的铁饭碗；知道到深圳、到特区有发展前途，但又舍不得现有低租金的住房，舍不得已有的社会关系，在安逸中静等升迁。20多年了，再回到那里，原来做什么的，还做什么。位置变化了的，都是组织上安排的，很少自己主动跳槽选择的。

在汕头，主动跳槽已成惯例。汕头大学开办30多年，教师已经换了好几遍，连副校长都主动往外走，当然进来的更多，如此循环不已。学生毕业也是，先找个工作解决吃饭问题，然后才慢慢寻找机会跳出去。一个朋友中专毕业后不到20年，先教书，后到区委宣传部做干部，天天练笔，成了小有名气的杂文作家；不久又跳到税务局，令很多人羡慕；不久又辞职下海，搞起了幼儿教育；先给别人打工，积累经验，然后自己筹集资金当老板。开了3所幼儿园以后，又飞到杭州开展全国的幼儿教育。他的追求自然不完全是为了发财，主要是想实现人生的价值和理想。至于旅游界、保险业，相互跳槽，已成家常便饭。

李闻海，由国有汕头国际大酒店董事长到汕头市旅游局局长，再到泰国正大集团大中华区总裁。

我经常接触的人，熟人中在岗位上"从一而终"的人寥寥无几，其比例恰好与北方相反。俗话说："树挪死，人挪活"，人人都知道这个道理，可真正做起来就不容易了。这样一起步就出现了差距，原因何在？大陆文化保守，海洋文化开放故也。

第二，经营。大陆文化的人有了钱，只知道存入银行拿利息，出于对政府的信任（他们并不明白，银行并不代表政府），以及对市场的恐惧，使得他们漠视银行利息低于CPI指数（消费者物价指数）的现实。2007年11月13日，国家统计局公布：10月份，居民消费价格总水平，比去年同月上涨了6.5%，比上月上涨0.3%，1—10月累计，居民消费价格总水平同比上涨4.4%。而同期一年期存款利率只有3.87%。

海洋文化的人则善于以钱生钱。例如，可以借给开店的朋友周转，收取一定的利润分成。钱多一点可以投资房地产，享受升值回报。至少用来购买基金项目，较少存入银行不动。

在经营实业时，大陆文化只知道利用自己的钱，海洋文化却尽量利用别人的钱。假如手头有80万元，在城市里只能买一套房。但假若以房产为抵押，向银行借贷80万元，就可以买两套房，用于出租，所收租金还贷外，仍有盈余，等于利用银行的钱在替他自己赚钱。

大陆文化只知道自己拼命苦干，从早忙到晚；海洋文化善于发挥团队力量，招聘人才一起努力，激励团队精神，事业就会迅速做大。

第三，投资。有人说，大陆文化是羊群性格，海洋文化是狼群性格，不无道理。大陆文化是跟着大众思维走，不敢尝试任何新事物。要等到大部分人都同意他的见解后才会去干，所以他即使成功，成绩也就一般。以在银行购买基金为例，狼群性格的人在股票型基金净值达到1.3元时已经购进；而羊群性格的人最终等到2.3元股票型基金时才会购进。"狼"已经赚钱，而"羊"买进时的价位已经比较高，最后很可能导致亏损。

第四，消费。大陆文化重视节衣缩食，重视财富的积累。从前的地主多数是吝啬的，攒钱买地留给子孙，最后只买来一个"地主"的帽子，给子孙留下个"黑五类出身"。现在虽然没有了这样的土地主，但按这样思维方式生活的人并不少。很多人只在"省"上下功夫，"一分钱掰两半花"，买东西习惯性地与人砍价，为了省几毛菜钱，不惜多花半个小时排队；为了图便宜，多跑几里路。重庆某地商场为了促销，部分商品降价，人们凌晨就聚集门前，一开门蜂拥而入，相互践踏，竟然踩死3人、伤31人。这在海洋文化国家里简直是匪夷所思，但在大陆文化的中国和印度却不是特例。

海洋文化重视消费更新，心思用在如何多赚钱，而不是如何多省钱。因此他们留意社会大事，对未来的变化早有准备，不仅能规避风险，还能抓住机会捞一把。比如几年前，人们已经在议论人民币要升值，于是赶紧把手中的美元抛出。大陆文化则抱着"外币值钱"的习惯思维，抱着美元不放，结果汇率损失了7%~10%。

大陆文化在消费时注重实惠、便宜。比如在买商品房时，很计较物业管理费，觉得越便宜越好。结果管理肯定不到位，住上几年，居住环境就会破败不堪，大大降低了房子的升值空间。物业费只省了几千元，房子却降低了几万元，得不偿失。

文化背景是一种软实力，它对人们行为的指导作用却无处不在、无时不在。尤其是中国大陆人士，在传统的大陆文化熏陶的基础上，又经历了几十年严格的计划经济体制的训练，思维惯性的改变常常需要经过"吃一堑、长一智"的亲身体验,才能奏效。而新一代的年轻人一般就不必经历这种煎熬,他们直接进入信息化时代,比较容易适应市场经济的各种规则。

CHAPTER 22

第二十二章 潮商讲究生命质量

海洋文化孕育起来的潮商，具有海洋生活的底蕴，面对随时可能的死亡危险，大多养成了视死如归的心态。在从中原南下逃难的途中，在异国他乡筚路蓝缕的拼搏中，"下南洋"九死一生的闯荡中，锤炼出了坚强的毅力。潮商一般不太追求生命的长度，反求诸生命的强度。口头语是"要活出个人样来"，潮商不太认同大陆文化的"好死不如赖活着"，认为与其那样窝窝囊囊地活着，还不如痛痛快快地"死"去。

潮商重视生命的质量，特别是男子必须要做个"成功人士"，得以光宗耀祖，为族群光前裕后。潮商从来不认同读书做官一条路，即使在封建的旧社会，从商也不被看作是低贱职业。发财与做官同等荣耀。生前如能被朝廷嘉奖，有功名，立牌坊；死后能列入祖宗祠堂被后人祭奠，或树碑立传，永垂青史，就是生命显贵的最主要标识。

潮商重视生命质量的一个重要标志，就是把"面子"看得比生命还重要。中国人并不都是如此，此乃贵族所遗留的品性。贵族在当行时，拥有地位、特权、财富及各种荣誉。失势后，就只剩下曾经有过的荣誉头衔及其标志物了，如墓碑、家谱、牌坊、传说之类。这些就构成了一个家族的整体"面子"。潮商中承续了历代南下的贵族，因此表现最为强烈。潮汕俗语说"无脸如死父"，可见对此重视之程度。

由此，社会上针对潮商这个特点，将现代各种荣誉头衔，慷慨地颁发给他们，以报答他们对家乡的反哺。其对象多数自然是潮汕人中的精英——潮商。其中就有小行星命名。潮商所占比例最多。

担任各种团体的名誉会长、荣誉会长、荣誉董事长等，在其中还要设出更高的级别，如永远名誉会长、终身荣誉会长，顾问中还要分出首席顾问、终身顾问、顾问团主席等。这些在中国就相当于外国的勋爵、骑士等荣誉。

政府、团体授予这些荣誉，是非常认真严肃的事，等于是对一个人的综合评价与社会对其功劳贡献的认可。首先要做好平衡工作，做到实至名归，不存异议。如香港的国学泰斗饶宗颐，他拥有的荣誉头衔大概是最多的，由此标识着其生命价值的尊贵。

影响所致，一般人未有其实，也想得到别人的敬仰，怎么办？有人热衷于花钱买荣耀，许多民间团体便发明以各种头衔明码实价公开售卖，以印在名片上，或被编入某种"名人大辞典"为荣。入此彀者，文人居多，潮商很少。

潮商重视生命质量的另外一个追求，就是一生要有感恩行动。这一点也是区别于世界其他商帮的一个明显标志。

潮商，特别是到海外发展的潮商，内心深处一直有一个痛处，就是总觉得自己违背了圣人的教导"父母在，不远游"，内心愧疚，所以时刻怀着感恩之心，一旦有机会、有条件就要表示。几乎可以一言以蔽之：没有一个潮商不做感恩之事的。

这种感恩是旷达宽广的。

对父母的感恩表现为孝，至孝。对家族的感恩表现为诚，为家乡做好事从来不想任何回报，提携家乡子弟发展，也从来都是无偿的。对祖国的感恩表现为忠，中国抗日战争时期，海外潮商纷纷捐资、捐物，动员子弟回国参战。那些高技术含量的工作都离不开华侨子弟，其中首屈一指的就是潮商子弟。对人类的感恩表现为善，行慈善之事。

潮商的这些行为，既是受到儒家"衣锦还乡不夜行"的启示，也是对佛学"因果报应"理论的确信，不仅为自己的来世做"预留果"，也为今生子女家人积德。这些在潮商看来，才是一个人生命价值的真正体现。

潮商珍视生命价值的另外体现，是对生活质量的追求。在物质享受方面要精益求精，在精神生活方面要尽显多彩。

传统文化中传授给潮汕男人有20字的人生追求，要比一般中国人高出一层。曰：

> 诗词歌赋文，琴棋书画拳。
> 山医命卜讼，嫖赌酒茶烟。

前10个字，现代潮商大部分能够达到。"山医命卜讼"五项，即使自己不能达到，身边必定有这方面的专门人才。"山"指的是会看山形地脉，阴阳走势。"医"指中医调理阴阳的基本理论。"命"指生命的规律，能根据"八字""五行"及周围客观环境分析生命走向。"卜"是对具体事务的可行性分析、决断。"讼"指对簿公堂时的律师知识。这些在现代社会中也是不可少的。

"嫖赌酒茶烟"，是潮商对外交际的手段。"嫖"并不是现代人所理解的为了性的需求而"嫖娼"，因为在中国旧社会，男人纳妾是合法的，家庭生活中并不缺少性。"嫖"的实质是对艺术的追求。旧社会娶妻的标准是"无才便是德"。只有青楼女子才具备"琴棋书画，无所不能"的条件，到青楼，有时只不过是吃茶、唱曲、过"票友"之瘾，"嫖"字也因此而来。"赌"亦然，潮商深知"小赌怡情，大赌伤身"的道理，绝对不允许家族中出现赌徒，更不容许吸毒等恶习存在。

"嫖赌酒茶烟"作为潮商对外交际的手段，逐渐为现代文明所改变，娱乐则以集体欣赏代替，演出潮剧成为主要内容，由此也成就了潮剧的繁荣。在中国戏曲舞台普遍低迷的情况下，潮剧得以一枝独秀，不得不归于海外潮商的支持。此外，在潮汕聚会时，时兴酒限量、烟劝诫。潮商聚会中绝对看不到强迫劝酒的恶劣场面。而对于人生有益的茶道，则发挥得淋漓尽致，从而助长了潮商人格的提升。

CHAPTER 23 第二十三章 潮商与工夫茶

潮商做生意离不开工夫茶。在潮汕，品尝工夫茶，既是目的，也是手段。工夫茶是潮商的黏合剂。

工夫茶也有写成"功夫茶"的，与"中国功夫""少林功夫"一样，用三个指头滚杯，动作娴熟而不怕烫，"功夫"也确实了得。但品茶，毕竟不是练手上功夫，而是注重心灵的修炼，因此多数人还是倾向于叫"工夫茶"为好。

在潮汕，大事小情，红白喜事，宴客答谢，讨价还价，调解纠纷，哪一件都离不开工夫茶的参与。因此，在外地一提到潮汕，首先就会想到工夫茶，其普及之广，影响之大，可谓无与伦比。被列在"家家开门七件事"最末位的"茶"，在潮汕可是第一位的，"宁可

简单的潮汕工夫茶具

三日无食,不可一日无茶"。茶还是民间礼俗中的重要角色。男方向女方订婚叫"下茶",女方接受聘礼叫"食茶",新娘到夫家要依辈分"敬茶",对客人要"跪茶",丧礼待客要敬"甜茶",甚至调解邻里纠纷也要"捧茶"。

潮商称茶为"茶米",不说喝茶,而是"食"茶,可见其"一日不可离此君"的地位。潮商喝工夫茶,以"浓""苦"出名。许多人以为热天最解渴的是冷饮,其实这是误解。有经验的人都知道,热天在南方越吃冷饮越热。真正解渴要靠水和"甘",但是水喝多了,会加重肾脏负担,不利健康。长期的经验积累,发明了工夫茶,水少而甘,以少胜多。

冲泡工夫茶有十道关键的工序:活火、蟹目水、拣茶、装茶、烫杯、热罐、高冲、低洒、刮沫、淋顶,加上"关公巡城"的冲法和"韩信点兵"的洒法,其目的都是为了尽量提高茶具的温度,以使茶叶中的化学物质能够最大限度地发散出来,饮前空中飘香,饮后口留余甘。北方喝茶是以"水"解渴,工夫茶则是以"甘"解渴,而同样源于中原的日本茶道只能说是以"意"解渴了。

潮商爱吃橄榄,其实也是以甘解渴。所余的橄榄核,用以烧炭,用来煮茶最为上乘,就是要连核中的"甘"也利用起来,与茶相得益彰了。

工夫茶从闽南到广州,沿海一带都流行,其源头应该是宋代的"斗茶"之风。唐代开始贡茶制度,至南宋偏安一隅,宫廷用茶多依赖江浙、福建。在闽南产茶区为了选出最好的茶贡献给宫廷御用,也为自己的茶品出名,因此盛行"斗茶"风气。"斗茶"的手段是"品",现代工夫茶继承的就是这个"品"字,且将其发挥到极致。

工夫茶对潮商精神的影响是很值得深入研究的。工夫茶是潮汕市场经济中的黏合剂,是民众社会交际的载体和媒介。在潮汕城乡,到处都可以看见许多人围在一起喝工夫茶,那可不是闲的,那就相当于现在的"信息网吧"。潮汕的海洋文化孕育了市场经济,重机遇、重信息,是由来已久的传统。喝工夫茶时,交流各地信息,探讨各种"以小搏大"的机遇。潮商的口号是"爱拼才能赢",就有工夫茶在垫底。

探讨工夫茶文化,既要弘扬物质享受的一面,更要弘扬其精神陶冶的一面。总而言之,工夫茶中的"功夫"表现为三个层次——技术上讲究:浓、香、甘、细、烫;学术上体现:古、雅、化、诚、谦;精神上追求:和、爱、精、洁、思。技术、学术、艺术(即精神)是所有事物研究深化的三个层面。

技术是初级的,要求的是技术的成熟和进步,当然也是分层次的,如同寺院里从沙弥到和尚,是"知其然,不知其所以然"的阶段。学术是高级的,要求穷究事物的本质,"知其然,亦知其所以然",相当于工程师、教授、大和尚的造诣。艺术则是要达到优游自

如，炉火纯青，出神入化。例如，毛泽东的军事艺术，饶宗颐的书画艺术，还有许多工艺美术大师的传世作品，都达到了这个境界。比之我们对潮汕工夫茶的产品制作，以及宣传和研究方面，都需要逐渐从技术层次向艺术层次深化。

工夫茶在技术方面的研究，已经有非常可观的成绩。从茶树的种植、养护，到茶叶的炒制、包装与销售，最后到冲泡、品饮，都有了许多宝贵的经验，不仅形成科学的传承体系，也结晶在许多书籍著作中，汕头市有关部门亦制定了《潮汕工夫茶规范》。这一切的努力，其实都是为了保证工夫茶的独特风味：浓、香、甘、细、烫。

可如果我们仅止于这些，那就谈不上工夫茶"文化"。

文化需要在学术层面上反映出来，就是：古、雅、化、诚、谦。

古：当代三大饮料系统，各具特色。咖啡代表的是西方的绅士文化，优悠、矜持，但结果却使人兴奋、好斗；可口可乐代表新时代的

潮汕乡村建筑

快餐文化，爽快、刺激、直接，却不免流于浮浅。且二者都无益于养生，只能得到口舌的快感。只有茶经过几千年的考验，积淀了几千年的文明精华，既有利于人的健康养生，又不损害植物的生长，能担当社会交流媒介，功莫大焉。

雅：雅致，指人的精神享受，是对心理的慰藉。雅与俗都需要气氛的烘托，焚香品茶与"大碗喝酒、大块吃肉"就是雅与俗的不同极致。"俗"需要热闹来填塞空间，"雅"则需要安静，腾出空间来享受时间。这种对空间与时间的同时占有，不仅可以提升人的精神素质，而且具有明显的养生功能。俗人喝茶常常破坏这个"雅"字，古代官府里流行的"端茶送客"的"潜规则"就是一例。明明是下"逐客令"，却用喝茶来表示，岂不是雅？北方喝惯了大碗茶的人，喝工夫茶时常常不"雅"，有时还会闹笑话，除了不懂规矩外，多把喝茶当作目的，图解渴。但工夫茶急切则喝不到嘴。他们不知道，潮汕人

现在已经很少见的潮汕茶担

喝工夫茶是喝情调、喝交情，品文化、品人生。推想这工夫茶，一定是古代中原士大夫阶层创造出来的，在田里种地的劳动人民嫌它太耽误"工夫"，而改喝大碗茶了。相反，擅长做生意的潮汕人，就需要"工夫"来讨价还价，自然这工夫茶就派上了用场。

潮汕的知识分子多有隐者心态，不愿做官，至少是不愿意通过钻营去取得官位。这种精神层面的清高与工夫茶精神是一致的。还有的人是你请我出山，我就去做，但我不会"一心一意"去做官，他心里仍然以其爱好的书画、诗词为归宿，这就造就了不少颇有成就的"官僚文人"。这些都保存了工夫茶身上的"士大夫阶层"的烙印。

化：化解。"喝茶消食"是人所共知的常识，这是指生理方面的。重要的是心理方面，常言说"以酒消愁"，但事实上是"以酒消愁愁更愁"。只有茶可以化解内心的郁闷，茶能使人沉稳、宁静、和平，因此在社会生活方面也是最好的友谊媒介。俗话说"酒越喝越远，茶越喝越近"，说的就是这个道理。我们可以观察到一个客观事实：凡是以茶为传统饮料的民族，几乎都不具攻击性，中国和印度最为典型。英国人本来是以咖啡来保持其绅士形象的，后来改喝红茶，人人几乎都成了谦谦君子。我相信，如果地球人都来改喝我们的工夫茶，那么世界和平就是指日可待的了。

诚：诚敬，诚恳，诚实。现在的茶叶包装越来越豪华，甚至越来越花哨。这是商家提高售价的一种手段，与茶叶的品质无关。茶是一般消费品，茶的档次只要是稍有经验的人，都可以从一闻一品中感性地获知，并不需要多高的学问。因此潮汕人请人品茶，很少对自己的茶未品先夸的，而是诚实地告诉你这个茶的来源，品后诚恳地征求对方的意见："这茶怎么样？"其实在问话中已经隐藏着"还可以"的自得。潮商让茶也是诚恳的，毫无虚假成分。即使是在大街上或在素不相识的商店里，主人让茶，都可以真喝，喝完说声"谢谢"即可离开。

谦：谦逊。潮汕一向有"茶三酒四"之说，来几个客人，都是三

探讨学术问题离不开工夫茶

个杯，茶冲好后，冲茶人自己不取，其他人也互相谦让，先长后幼，先尊后卑。谦让之声，不绝于耳，君子之德足矣。品工夫茶的人大多不事张扬，深知"谦受益，满招损"的道理。在古往今来的纷纭世界中，佛道两家追求"出世"的生活，离不开香与茶为寄托。儒家虽然主张"入世"，但追求的是"穷则独善其身，达则兼济天下"的信条。在红尘世界的名利场中，真正的知识分子追求"大隐隐于市"的境界。如何能保持正人君子的操守？他们采取的是自我完善之路，即陶渊明所说的"结庐在人境，而无车马喧。问君何能尔，心远地自偏"。能使人"心远"的办法除了"登东皋以舒啸，临清流而赋诗"之外，常常要有琴、棋、茶、酒相伴，茶最不可少。

　　以上都属于茶文化"实"的部分。再深入就到达"虚"的部分，也就是艺术层面，在茶文化中指的是精神。按张华云的总结，就是：和、爱、精、洁、思。

　　和：喝茶讲究"品"，不比谁喝得多，不助长竞争意识。和，就是喝茶的目的，求人际的和气，求茶入胃中对食物的调和作用；追求喝茶氛围与自然的和谐，最好是和风细雨、鸟语花香的环境，很难想象在暴风骤雨、恶语批判中能品出茶的滋味来。因此，茶行天下，就能和平天下。

爱：友爱，爱人。"仁者爱人"，有爱人之心，就是善。恶人多酗酒，少喝茶，就缘于他缺少个"爱"字。爱，也包括对生活的热爱。在历史上，每遇到食不果腹的时候，北方人戒茶以减少消化；潮商则靠茶维持对生活的一点留恋，坚持下来。

精：在技术层面是精细，精致。物质生活的精细，养成为精神生活的精致。精细与精致就成为潮商处世的特点。在艺术层面是精神。精的极致是神。品茶要能达到"与神偕游"的状态，与大自然融为一体，是为至境。

洁：在技术层面是清洁，干净；在艺术层面是指心地要纯洁，不存一点欺人之心、苟且之心、污秽之心、害人之心。人们常说"茶胆"，其实，"洁净之心"就是工夫茶饮者的"茶胆"。无论多少人在品茶，只要有一点不洁之心，就是对工夫茶的亵渎。

思：思考，思想。品茶就是品人生。思，就是思考人生的大道

陶瓷茶器

理。喝茶的态度可以塑造人的品格，逐渐影响到世界观、人生观的形成。大而化之，可以影响到一个国家或民族精神的形成。比如，日本人原本也爱茶道，但是明治维新以后，国家由传统的大陆文化转向海洋文化，由奉行茶道转向奉行武士道，人们也由喝茶改喝清酒，更加助长了它的霸道。日本的茶道变成少数善良人的文化爱好，茶道也由具象变抽象了，可见茶对养成和平精神的重要，且对人的性格起着重要作用。

潮商热衷于工夫茶道，就是基于精神的追求。汕头有一个"泰和雅会"，就是以品茶为纽带，弘扬各个领域里的艺术精神，真是名副其实。

CHAPTER 24

第二十四章 潮商的生活情趣

潮商善于享受生活。在潮商身上，既体现出海洋文化的"拼"，也体现出大陆文化的"品"，缺一都不是潮商。潮商中很少有"葛朗台"式的守财奴。他们有着先进的消费观。

首先，他们舍得为社会消费，只要是公益事业，他们乐于其成。修桥补路，慈善救灾，潮商从不落后。潮商向来都把光宗耀祖的事业放在首位。扩建祖宗祠堂，翻修家乡寺庙，支持游神赛会，都是自觉自愿参加，尽先而行。澄海建县时，蔡氏族人一致同意将自家良田置换瘦田，用来建设县衙。修建孔庙，缺乏柱石，蔡家又毫不犹豫地将自家预备建祠堂的28根石柱捐献出来。诸如此类，比比皆是。

其次，潮商对待自己的家庭生活追求尽美尽善。所谓"潮州厝，皇宫起"，多数是指潮商的豪宅建设。著名的侨宅都成了现代潮汕的旅游景观，如澄海的陈慈黉宅邸，前后修建几十年，房屋多达500多间，彩色瓷砖历经百年而鲜亮如初，被称为"岭南第一侨宅"。位于潮阳东里的郑午楼家族大院、揭阳方耀家族的百鸟朝凤，直到新建的潮阳明安里、耀明书院。潮汕的每一个村落，都有这样值得炫耀的宅第。

这些宅第的修建更是精益求精。潮安陈旭年家族在修从熙公祠时，为了雕出最细的石雕牛绳而花费两代工匠的心血。为了求得最佳效果，潮商在建筑上常常采用"斗工"竞赛的办法，鼓励创新。

潮商的家庭布置，既顾面子，又讲究舒适。门庭讲究华丽气派，门楣、门肚、石鼓、蹲兽、门环、抱柱、楹联、灯号、堂号一定要合适、得体、大气。居室装饰则讲求舒服、适用。

院子里讲求前苞后竹，天井有大莲花缸，后院与过道要摆满花草，其中兰花必不可少。厅堂几案花卉需适时更换，春季插柳枝，夏季摆君子兰、秋季换蝴蝶兰，临近春节则摆漳州水仙花。客厅正中要有名人绘画，对联必须有上下款，表明是专门写给主人的。

家庭要有书房与闲间，不少人家还设有佛堂。书房里要有一般要有"丛书""全书"之类的精装本，墙上挂几幅与时兴名人的合影。闲间正中摆着扬琴，墙上挂着不同规格的二弦，柜子里有各种潮州音乐或笛套音乐的乐器，可以不定期地呼朋唤友，怡情娱乐。潮商擅唱的不多，擅奏者普遍。

澄海前美村陈慈黉故居

潮商在家时，除品茶认真外，其他享乐之事也很认真，讲究品位，事事都要体现一个"品"字。酒不多喝，要品。玉器讲究把玩，手品。青橄榄要品，名品一颗就要几十元。潮商称古琴为"书琴"，要放在书房里，焚香闭目，品其韵味。

稍有档次的潮商，家中都有著名的厨师，有几个拿手菜，供招待宾客时品尝。

至于祭祖供神时的祭品、供品，则要女主人亲自动手参与，表示虔诚。

总之，在潮商家中生活，到处充满生机，到处洋溢着幸福的氛围，让人感到人生的可贵，感到这一切的拼搏都是值得的。

CHAPTER 25

第二十五章
潮商的贤内助

从事海洋文化生产方式的族群，无论泛海还是经商，一般实行男主外、女主内的分工原则。第一是因为海洋危险；第二是古代船只空间狭小，男女混杂，生活不便。（如渔民和三峡纤夫在水中劳动，为避免打湿裤头得烂裆病，常常需要赤身裸体。）

　　大陆文化的农业劳动多数也讲究男主外、女主内。俗话说："男人是搂钱的耙，女人是装钱的匣。"作为两种文化高度结合的潮商文化，尤其是潮商群体家庭的这种分工最为明显，尤其在境外。老一代潮商的成功，得益于此的甚多，日本人至今仍然严格遵守这一男女分工的原则。这样做，并不是对女子的歧视，而是对其抚养后代大任的极端重视，是对生物规律的遵从。

　　人类与其他哺乳类动物不同，诞生时仅仅是个半成品。马、鹿等一出生，很快就会站立，甚至要跟着母亲奔跑，否则就会被狼群吃掉。人的大脑则是在出生后逐渐长成的。父母所负载的传统基因，是通过母乳传递和充实给下一代的。孩子三岁以内，是他基本素质形成和开发的最关键时期。潮汕女人大部分能在这一阶段保持与孩子的亲密接触，这是最可贵的，有较充分的母乳喂养，对孩子予以细心的呵护，让孩子从人性出发奠定对客观世界的感知。母亲会用每一件东西打开孩子的各种感觉器官，刺激孩子的各种神经细胞和相关机能的发育和发展，这些都是老人、保姆，以及托儿所所无法比拟的。

　　那种半年产假结束就得上班、急于给孩子断奶的做法，无异是掐断了孩子的智力成长过程，牺牲的是一代人的成长。婴儿靠喝牛奶成长，长成的只是体能。

　　人的智力成长要经历三个阶段：家庭教育、学校教育、社会熏染，其中家庭教育阶段是最重要的，包含婴儿时期、幼年时期、童年

母亲是儿童最好最早最权威的老师

时期。这个阶段，要往孩子头脑里输入做人的"基因"。"基因"好，将来进入社会就有免疫力；"基因"有缺欠，遇到社会上的弊端就会无从分辨，从而导致错误后果。这一时期的教育责任人是母亲。少年时期、青年时期的责任人则是家庭和学校。壮年时期、老年时期的责任人则是社会。

老一代潮商的母亲多数是不参加社会工作的，她们把全部的精力、心血浇洒在家庭与家族建设中。潮汕女人是大陆文化的典型，是世上最贤惠的女人。她们对男人的体贴入微，是世界有名的。要用一个字来形容潮汕女人，那就是一个"贤"字。古人说"贤"，常常与"圣"连起来，"圣贤"就是人生在世的榜样。"圣"是指那些杰出者，"贤"才是普通人。人人未必能成为"圣人"，然而人人皆可为"贤人"。潮汕女人就是这样普通的"贤人"。

潮汕女人"贤"在何处？有"五德"与"五行"可论。"德行"是评价人的一个标准。唐朝的张九龄说过："货贿为贤所贱，德行为贤所贵。"可见贤者重视的也就是道德的评价。其实"德"与"行"是两个方面的事，"德"是道，是"行"的思想基础；"行"是表现，是"德"的外化。潮汕女人可谓是"德行"兼备的楷模。

潮汕女人的"五德"是温、良、恭、俭、让。潮汕女人的"五行"是孝敬公婆、相夫、教子、拜老爷、煲汤。

为了让事实说话，我们先说人人都看得见的"行"。

第一，"公婆说话不会错"。这句话明显是不对的，其实说的是"公婆"在潮汕女人心中的位置，那真可谓是"绝对权威"。不是公婆说话"不会错"，而是从儿媳妇的角度看，公婆说话"不要认为是错"。女人在自己的亲生父母面前还可以撒点娇、耍点赖，拿出当孩子的把戏。可是在公婆面前就不行。假若媳妇惹公婆不高兴了，在外经商的丈夫回来，不必问青红皂白，一定是先要斥责自己的媳妇，把父母安抚顺了。甚至有这样的极端，父母无法与媳妇相处，宁可离婚，也不能责怪父母的不是。

这不是很不讲理吗？答曰："家庭本不是讲'理'的地方。"家庭是靠"情"联系着的。丈夫说："夫妻的爱情可以选择，父母的亲情能选择吗？"妻子无话可说，自然也得认这个"理"。这就是《论语》中子贡所讲的："贤者识其大者，不贤者识其小者。"（《论语·子张》）"孝"是联系家庭亲情的纽带，是家庭的"大者"。家庭和谐孝为先，而关键就是外来的媳妇与公婆之间的关系。俗话说"天下无不是的父母"，谁都知道这不是真理，但是若要家庭和谐，必定得有忍让的一方。这一方就天然地落在了媳妇身上，这是大局。潮汕女人明白这个大局，识大体，于是孝敬公婆在自己亲生父母之上。

那么，潮汕女人岂不是个个都要忍气吞声、窝囊一辈子？其实不是。潮汕家庭大多实行男主外，女主内的方针。"男人是搂钱的耙，女人是装钱的匣。"潮汕女人在家里有地位、有权利，媳妇与公婆的关系也是以情换情的。媳妇真心待公婆好，公婆自然心中有数。潮汕老人待儿媳妇比自己女儿好，就是必然的了。他们知道，"女儿早晚是人家的"，能养自己老的还得是儿媳妇。媳妇孝顺到什么程度？听话,好吃好喝地伺候着,这是最低标准。孝顺与否,要看"关键"时刻的表现。我认识的一位陈老汉,70多岁了,老伴先走了,他则下身瘫痪,在床上躺了七年多,从未得过褥疮,全靠儿媳妇每天给他洗澡、擦身,自己的女儿能做到吗?还有一位老年病友,病危时大便干结,儿媳妇每次都用手指一点点地往外抠,一般人做得到吗?

所以潮汕家庭大多和谐幸福,就是因为关键的"按钮"掌握在大贤的潮汕女人手里。

第二,丈夫是将,女人是相。人们常说女人要"相夫教子","相"就是"辅助"之意,就是宰相的"相"。丈夫长年在外,女人"相"的担子就非常重了,上要赡养公婆,下要抚养子女。家庭的重担几乎要全部承担。潮汕女人是从事家庭手工业的主力,据清朝潮州知府周硕勋在《潮州府志》中记载:"潮州妇女多勤纺织,凡女子十二岁,其母即预治嫁衣,故织纴刺绣之功,虽富家不废也。"因此一直以来,抽纱、潮绣都是名扬海内外的手工艺品。潮绣成为中国四大名绣"粤绣"的代表之一。

抽纱与刺绣是潮汕女人的必备手艺

在这副家务劳动的重担之上，还有另外一副无形的重担：对丈夫命运的牵挂。海上生产和海上运输一直都是自古以来最危险的行业，何况在从前设备极其落后的情况下，命悬一线，朝不保夕，真是毫不夸张。丈夫出海前夜，妻子再劳累，也要与丈夫温存一把，然后早早起来，尽家中所有，做些好吃的，再把丈夫送上船，目送船帆远去。这一去能否回来，只有妈祖保佑了。

在潮汕，很少看见成年男子在田地里干活，这是因为潮汕人多地少，靠种地务农根本无法养家糊口。这也是把潮汕逼向市场经济的原因之一。男人大多要到市场上找活路，家中土地就由妇女和老人承包了。"潮商种地像绣花"这句话传誉海内外，其中很大的功劳要归功于潮汕女人，因为那些地本来就是那些绣花的手侍弄出来的。男人有空，特别是农忙时节，自然也会帮把手，但女人会很心疼。因为丈夫在海浪中九死一生，偶尔回来，家中事还舍得让他做吗？外地人常常看到潮汕男人在家喝工夫茶，不干活，就贸然断定"潮汕男人懒"，就是没有看到问题的实质。

潮汕女人"相"家，还有一个重要任务，那就是处理好家族和邻里关系，保护好自家男人的"面子"。"面子"是潮汕男人在家乡生活的"护照"，最重要的就是要保证自己的男人能按时按节参与族群活动，不丢面子。如过年祭祖时，女人虽然不能入祭，只能站在外围，眼睛却在不停地搜索、品评。全族的男人站在一起，男人的发型、穿戴、谈吐，都是显示"面子"的标志，女人要想自己的男人不输给别人，自然就要下许多"暗功"。在乡村，游神赛会时能轮到做"主祭"，那是最大的风光，自然也是一笔不小的花费，这也要靠女人未雨绸缪，早做准备。赛大猪时，男人扛着最大的猪"招摇过市"，风光无限，那也是女人喂养出来的。保住男人的面子，就是保住了家庭的荣誉，保住了家族与社会的和谐。

第三，孩子成长的后花园。古人有"性本善"与"性本恶"之争，其实人的善恶都是后天受教育的结果。"教育"有好有坏，结果自然不同。

家庭教育的第一个重点是道德教育。潮商的道德教育是从家族伦理规范开始的，小孩子开始认识人，就教他尊敬长辈，分别称呼。这是孝亲的起点。潮商的尊长是由己之长推至他之长，即《孟子·梁惠王上》所说："老吾老，以及人之老；幼吾幼，以及人之幼。"这是根植于中国人心中最重要的道德观念。稍微大一点的孩子，就让他参与家族内和社区内的民俗活动，如祭祖、游神等，青少年是主要的操持者。在活动中，长辈们传授给他们各种礼仪规矩。诸如祭祖时如何主持，如何着装，参拜顺序如何，如何接待外地同宗亲友，如何三拜九叩，如何诵读祭文，如何点红上香堂，等等。这些乡村礼仪都是自古传承的规矩，谁掌握了这些，谁在乡村就很有地位，很有话语权，受到人们的普遍尊敬与照顾。他们是乡村的绅士阶层。

家庭教育的第二个重点是爱心教育。从每一件小事培养孩子们的善心，如亲近小动物、爱护花草、爱护玩具、不讲脏话等。许多家庭的爱心教育会结合一些宗教意识进行灌输，如基督教倡导的爱心和佛教倡导的善心等，从而养成了潮商进入社会后，富有同情心，乐于帮助别人，以致领养孤儿、赡养孤寡老人、捐资捐物等，多是从小种下的善根。

家庭教育的第三个重点是勤俭教育。潮商从不讳言祖先的贫苦，并且常常拿祖先的贫苦生活和筚路蓝缕的奋斗经历教育后代。清明节祭祖全家要吃"朴籽粿"，就是一种忆苦饭的形式。从前的潮商富豪，小孩子上学从来不许用汽车接送，让他与其他孩子一样走路、交朋友，打成一片，真正有利于其成长。潮商的富豪很多，但子弟们绝少有到处炫富的公子哥。他们从小受到的教育就是"一粥一饭，当思来之不易；半丝半缕，恒念物力维艰"（朱柏庐《治家格言》）。

家庭教育的第四个内容是法制教育。潮商从小就被灌输守法的思想，在家要守家法，为国要守国法，不要做逆臣贼子，所以潮商就特别忠于旧主。南宋最后以两个小皇帝为首的惊心动魄的抗元历史，潮商都耳熟能详，世代津津乐道。明末的崇祯皇帝至今还有潮商在他上吊的日子予以祭奠，俗称"太阳生"。潮汕地处祖国的海防前线，民众一直忠于职守，守卫着海防边疆。

家庭教育的第五个重点是禁忌教育。禁忌教育虽然也是规矩的一部分，却带有很大的地域性，尤其在语言方面，各地更是大不相同。如全国普遍都忌讳讲"杀"字。北方人管杀猪叫"宰猪"，杀牛叫"锥牛"，天津管杀鸡鸭鹅类家禽叫"伏鸡、伏鸭"，潮商叫"用鹅"。此外，如"病、死、丧、穷、输、蚀、丢、邪、碎、破、漏、完、背"等不吉利的字眼都要避免，麻烦的是还要记住那些匪夷所思的避讳之法。如给火炉添煤，要说成"添火"，避免"煤"与倒霉的"霉"同音，诸如此类。小孩子打破瓷器，要说"缶开嘴，大富贵"，与北方人讲"碎碎（岁岁）平安"同意。在潮汕，除了语言禁忌外，还要许多行为禁忌。例如，正月初一时，不能扫地，怕把财运扫走。不理发、不挽面、不杀生、不打骂孩子、不动针线等，都是为了节日的安宁与和谐。小孩子不懂这些规矩，又口无遮拦，有时会被这些约束管得很不痛快，甚至会挨打，但正所谓"吃一堑，长一智"，从此，他们就会记住这些禁忌。

家庭教育的第六个重点是尊师重道的教育。其内涵是两项相互关联的内容：重视教育与尊重教师。潮汕地区的地理环境并不适合农耕生产，而稳定的社会环境却极适宜读书。所谓"地瘠栽松柏，家贫子读书"，就是这个意思。由于老百姓重视教育，所以凡是重视教育的官员，潮商总是给予厚望，嗣后甚至以神明供奉。至今，在潮州湘桥区磷溪镇周围8个乡，仍然保持着每年9月重阳节轮流祭祀韩愈的习俗，宣传的是其重视教育的思想。从韩愈入潮启用赵德主持学政开始，重视教育成为一贯的传统。历代官吏不论廉洁与否，均不敢以教育为末流,办学成为他们所追求的最大政绩。

与重视教育相关联的就是对教师的尊重,尊师重道已经形成为潮商的普遍家风。而且越是贫寒的家庭越是坚守尊师重道的原则,家长往往把改变家族命运的希望寄托在老师身上,祈望通过老师的帮助,子女能飞黄腾达。同时,那些一辈子不得志的乡村教师也祈望学生成才,实现自己未能达到的愿望。二者力量合一,就成为促进子弟向学的原动力。

明嘉靖年间,莲花山下龙美寨有一位贡生黄石庵,志大力微,只能在潮汕各地乡村教私塾。有一年,他在潮安金石山兜林村发现了一个拾猪粪的孩子,名叫林大钦,家庭贫穷,但天资聪颖。黄石庵便说服家长,免费来教他。课业之外,还常常把他带回家中格外教育。为了林大钦能安心学习,每个月还要在自己并不宽裕的情况下,挤出一斗米来接济林大钦的母亲。其后,林大钦果然不负师意,秀才、举人屡屡得中,后来成为潮汕第一个状元。林大钦发迹后首先要感恩的就是自己的老师黄石庵,因此他在修建状元府第之前,先请皇帝下旨,给多年伴自己孤灯苦读的黄石庵先修建了"状元先生第"。林大钦书写的"黄氏家第"的匾额至今犹存,门联敬书"状元先生第,进士世宦家"。号称"追远堂"的中庭,亦有对联曰:

为状元师真堪裕后,赐进士第实克光前。
黄榜标名进士第,春风设帐状元师。

这些都成为潮商耳熟能详的经典故事。黄石庵识才育人,林大钦感恩尊师,成为潮商家庭的活教材。潮商是真正把"天地君亲师"同等对待的人,因此才能培育出一代代的潮商精英,而且这种教育传统不断被复制。例如,潮阳原第六小学校长林氏夫妇,在"文化大革命"时,仍坚持让孩子读书,最后两个男孩林勇与林仕都成为博士,名扬中国与美国。两位博士兄弟的子女又沿着他们父辈成长的道路在健康成长，成功指日可待。

这些传统道德教育和公共道德教育都在潜移默化中进行，母亲们会通过摇篮曲、儿歌、童谣、潮州歌册、讲故事、看潮剧、看木偶戏等儿童喜闻乐见的形式，将其灌输进孩子的幼小心灵里。

潮州歌册是非常有效的启蒙教育形式，既是对孩子的语言训练，也是生产、生活知识的传授。许多人一生都能记得小时候从母亲所吟唱的歌册中传授的内容，这些歌册配合女声柔美的韵律，深深地潜入孩子们的心灵。

儿童稍微大一点，就要带他们参加各种有益的社会活动，如祭祖、祭神，让他们懂得在不同场合的礼节。从认字开始，就把《三字经》、《弟子规》、唐诗等灌输进去。及长，对于一些道德规范，哪些坏事是不准做的，要进行强制教育。许多家庭把《颜子家训》《二十四孝》等内容，书写在门肚、墙壁等显眼处。家长们更重视以身作则，在孝悌忠义方面做出榜样。由于潮商具有严格的族规和良好的家庭教育，客观上阻止了社会"黄赌毒"对传统家族的入侵。

潮汕女人是如何教育孩子的？首先是家庭氛围，不管是大户小家，家中都少不了对联、格言、家训、二十四孝图等等。潮商家庭再穷，也懂得子女读书的重要。住"四点金"的家庭，会在厢房的隔扇上，正楷书写《朱子治家格言》《省分箴》之类的文字。潮汕女人再没有文化，这些都可以倒背如流，因为她们在教孩子背诵时，自己早已烂熟于心。

"女慕贞洁，男效才良；知过必改，得能莫忘。"（《千字文》）"恩欲报，怨欲忘；报怨短，报恩长。"（《弟子规》）此外还有"书到用时方恨少，事非经过不知难。""少壮不经勤学苦，老来方悔读书迟。""学如逆水行舟，不进则退；心似平原跑马，易放难收。"等等，这些话从孩童开始，就不断地从妈妈嘴里如同乳汁一样流进孩子的心田，滋润他们善良的本根。

妈妈教孩子唱儿歌，潮汕女人会随着情景加上教育的内容。拿着红红的木屐，就唱《木屐歌》；剪纸就唱《剪纸歌》；给孩子洗澡，就唱《沐浴歌》；哄孩子睡觉，就唱《摇篮曲》，如：

> 初三月，月如眉，手荡摇篮去又来。
> 阿奴阿奴猛猛睡，阿妗带你上瑶台。
> 上了瑶台见李白，教你作诗当秀才。

在乡村祠堂的墙上，画着二十四孝图。潮汕女人从孩子襁褓时起，就开始讲这些故事。

家族拜神祭祖时，也要抱上孩子观礼受教育。在往祖宗龛里恭放祖先牌位时，要由族里辈分最高的老人"点红"，而"点红"的时候，脚下要坐两个最年幼的孩童，这样才能代表全族老少。这样的孩子长大了，自然知道长幼尊卑的道理。现代人很多重视胎教，究竟效果如何，尚不得而知。但潮汕女人教育孩子从幼儿抓起，肯定是有效的。

第四，家庭信仰的捍卫者。"老爷"是潮商对各种神明的总称。"拜老爷"是潮汕女人的日常功课，初一、十五，时年八节，仪式必不可少，常常被外地人笑话为"迷信"。潮汕人也不辩解，心中却有些看不起那些没有"信仰"的人。清者自清，浊者自浊。其实，潮汕人并不是"迷信"，大部分是"俗信"。心里并不一定真信，因为一般人根本分不清所拜的"老爷"是谁，什么来历，什么职务，与另外哪位"老爷"是对头。特别是那些最认为迷信的农村老人，更是一问三不知。不过是大家信，跟着信，宁愿信其有，不愿信其无。完全是一种"买保险"的心理支撑着。因此，所有"老爷"地位平等，拜的时候一视同仁。

潮商一开始从事的就是海上生产，朝不保夕，危险性大。封建帝国不但不管，还要实施"禁海""迁地""封锁"等。那时在海上讨生活，就是孤儿撞大运。人靠不住，就得靠神。神在哪里？就在自己

潮商家庭的供桌

的心中。一旦发生海难，任凭海浪冲击，身体麻木，一息尚存。谁心中默念"妈祖"的时间长，谁就清醒，就能坚持到活命。其实是自己的意志救自己，但功劳却是妈祖的。没有妈祖，他就可能坚持不下来。岸上的家属从亲人一出海，心就一直悬着，干什么事都心不在焉。老这样生活行吗？家里日子怎么过？为了安慰自己，就把这份担心通过一炷香"转嫁"给"老爷"。谁没有亏待"老爷"，谁就不担心，就能过上安稳日子。说是自欺欺人也好，自欺欺"神"也罢，反正有效。于是这习俗就传下来了。现代社会虽然海上安全了，可是这市场经济的大浪一样令人心惊肉跳。所以"老爷"还得拜，有事防事，无事则给和谐社会添点热闹。

第五，家庭养生的调剂师。潮汕地处北回归线上，又在南海之滨，环境湿热。这热而湿的气候是人类健康的大敌，不仅对人的关节经脉产生危害，还容易导致风湿性心脏病和滋生各种传染病。尤其在山林野莽之间更甚，古人称之为"瘴气"。虽说现代卫生工作进步了，可是各种病毒细菌在这里一年四季都是得天独厚地繁殖着，绝没有北方一场冬季大雪彻底"消毒"的好事。在这里，"与天斗"的主要任务，就是气候。气候引起人身体的凉热变化，是长期斗争的对象。在这种环境中，人们为了与疾病作斗争，民间积累了丰富的经验。其中，最根本的就是掌握进食的凉、热、泄、补的特性，不断调解饮食中的药用成分。草药性温，有病治病，无病防病，不像中成药和西药那样不易掌握。于是，用新鲜的青草药熬水喝，就成了潮汕女人最主要的保健工作。

潮汕女人都懂得药食同源的道理，各自都有一套祖传的养生方法，适时调节体内的凉热。这里的"凉热"是指中医传统医学意义上的，不是单指温度上的，其实就是中医讲究的"阴阳"。

潮汕女人的第一个"法宝"，就是教你自找"苦"吃。大多数人多不愿吃"苦"的东西，可是"苦"能败火的道理，人人都知道。到了潮汕就变成现实。一见面，一杯苦苦的工夫茶奉上，因为"茶"的祖宗就是"荼"，《诗经》里说："谁谓荼苦，其甘如荠。"吃饭的时候，苦瓜炒肉丝，冬菇芥菜煲，都是苦的。饭后，一颗青橄榄塞到口中，让你体验先苦后甘。总之，在潮汕想活命，就得自找"苦"吃。

潮汕女人的第二个法宝，就是"煲汤"。煲汤就是食补，要长年"煲"，适时"煲"，因人而异地"煲"，"煲"出世界水平，只有潮汕女人能做到。现在民间的许多"煲汤"已经进入大酒店里，如苦瓜肚肉煲、冬菇芥菜煲，已经是名菜了。可如果在家里招待客人，上一道"橄榄猪肺汤"，客人一定是惊诧莫名。因为这两样东西算不上是"好菜"，然而这样一搭配，就是养生。再来一味"冬瓜炖老鸭"，一碗香汤下肚，顿时暑气全消。至于"咸菜猪肚汤"，养生大补，既好吃，又是药，有药效，无药味，那才叫"高"。

如果说"煲汤"现在已经普及，那么，喝"凉水"就是潮汕特色了。这"凉水"可不是别处说的"冷水",而是指有药效的凉茶。潮汕女人在家里都会弄,而且花样翻新。我在《潮汕四十怪》里专门列了一怪,就叫"拿着草药当青菜"。潮汕女人每早到菜场买菜,归来时可以看到,在菜篮子外往往还会夹着一捆"青草"。循着他们的来路走去,就可以看到人群熙攘的菜市场。这里除了卖一般人认识的各种蔬菜外,还有专卖"青草"的摊子。外人大半叫不出名字,这些"青草"其实都是新鲜的草药。在汕头还有专卖"青草"的市场,多是澄海、庵埠山丘一带农民清晨采来,就马上赶到市场上卖。甚至早晨锻炼的潮汕女人,打完太极拳,回家的路上,时不时就蹲下来,采几把路边的"野草"回去熬水给全家人喝。白苞蒿、曲麻菜、苁苁草、鼠曲草、益母草、蛇舌草、山葡萄(不认识的千万不要乱采、乱吃),名堂很多,确实有效。全家人的健康多半靠这种办法保养着。

前面说的"五行",就是因为有"五德"做底子,才能一直传承着。

男人在外,讲究"仁义礼智信";女人在家,讲究"温良恭俭让"。

潮汕女人说话,虽然不如吴侬软语一般,却也从未看到有撒泼骂街的。对老人小孩说话,更是委婉温存。普通话只有四个声调,潮汕话却有八个声调,潮汕女人说话像唱歌,一点也不假。

此外,潮汕女人从小就背诵着家训:"斗闹场,绝勿近;邪僻事,绝勿问。"一切斗闹、邪僻的事情,潮汕农村女人绝少涉及。

潮汕的农村社会生活仍很古朴,聚族而居,客观的监督网络无所不在。即使是诸姓杂居,每到祭祖拜神,也都是在熟人社会里进行的。比如,某姓祭祖,男子按齿序排好队,到村外敲锣打鼓迎接老太太的娘家人;某村演潮剧,都把中间最好的位置留出来,给邻村的客人坐;赛大猪结束时,猪肉全分给邻村的亲戚朋友。平时过日子也十分节俭,即使是下岗了的职工,靠几百块钱过日子,也少不了老人孩子的待遇。全家最苦的自然是潮汕女人。咸菜自己腌,市场上捡便宜

潮汕很早就办起了女子学堂

的蔬菜买，小鱼小虾小蟹薄壳海草都能弄出花样来，绝不会让家人在外面丢脸。靠什么？好处能"让"，难处能"忍"。潮汕女人大多信佛，心善，很少抱怨，更少有因为家庭生活困难而离婚的。

潮商女人作为贤内助，并非"女子无才便是德"，反而需要很高的道德修养和文化素养。历史上的潮商女子由于受到海洋文化的熏陶，有的也极具反抗精神。在宋末抗元的战斗中，有写《绝命诗》明志的陈白姑，有亲领义兵抗敌至死的陈碧娘，后衍成《辞郎洲》的感人故事。明初有在危难中挺身而出保护家园的郭真顺（1312—1436），长寿至125岁，有《梅花集》诗传世。明代有女诗人谢五娘，明末乱世中有邱恭与赵玑姑嫂二人，被清兵劫掠，以诗壁唱和明志，亦为后世楷模。潮汕是中国最早兴办女子学堂的地方。近代就涌现出女诗人卢蕴秀、蔡似、胡嫚、许蕉、韩古真、蔡平娘、冯素秋，女画家李平香，中国左翼作家联盟女作家冯铿与中国电影事业开拓者之一陈波儿及社会活动家、鲁迅夫人许广平,更为全国人民所熟知。这些在旧社会制度下闯出一番天地的潮汕女子,属于难得的佼佼者。虽然大多数妇女还是属于循规蹈矩的家庭妇女,但也是她们以自己的青春与生命,培植、襄助了潮汕男人在潮商界的成功。有人认为,从前潮汕女人就业不充分,是"落后",但我认为这种事"落后"一些也没关系,不必过于纠结。女人贤,孩子善,人类才会发展。这就是潮汕女人给我们的启示。

CHAPTER 26

第二十六章 潮商成功的启示

论及市场，当今世界无疑是以海洋文化的市场经济为主导的。中国在争取世界各国承认"中国的市场经济地位"的同时，更需要加强我们对海洋文化的市场经济规律的认识和学习。

在适应海洋文化市场经济时，自然会有两种态度：一种是照搬资本主义国家已经走过的道路，即从野蛮时期自发地走向规范化时期的整个过程。但这明显是走不通的，因为世界在不断地变化。另一种态度是我们老祖宗惯用的，以我们博大精深的"酱缸文化"去"化胡"，拿些海洋文化的装饰来粉饰自己。表面上好像"海洋文化"了，骨子里仍旧固守田园，自给自足，坐井观天，自我满足。中国历史上几乎所有的改革都以"换汤不换药"而被消弭。

显然，这两种态度都不可取，我们必须贯彻科学发展观，创造具有中国特色的市场经济发展道路，扫除横在这条道路上的"最大障碍"。这一"最大障碍"，就是我们谁都明白却又难以转变的"文化思维方式"。

本章我们会围绕近代走向世界成功的潮商实践经验所得到的启示，作一个总结。我们从这些潮商的成功范例中究竟得到了什么启示？

第一，成型于世界各地的潮商所从事的事业，大都有益于社会。潮商所从事的事业，不论贵贱，唯问利害。如果其事业对社会有害，无论利益多大，绝不可为。这是潮商老祖宗的教导，也是为自家长远安全与利益考虑。只要是有益于社会的事，潮商都有人在坚持做，而不计较其有无"体面"。揭阳有打铜街，潮州有打铁街，汕头有打锡街。在城乡传统市场里，农村使用几千年的镐头、铁锹、钉耙、箩筐、木桶、粿模、木炭等等，都有人制作和经营，而这些在大城市的超市里，是见不到的，被认为是"不登大雅之堂"。潮商中并非没有为非作歹之人，但其在任何社会制度下都只能躲在暗处活动。

第二，不依权势，只靠市场。潮汕地处东南一隅，古代与中原政权中心较为隔绝，言语不通，人情不睦，因此与中原权贵较为疏远。

其海洋文化的属性使其善于结成临时的贸易伙伴和利益集团，而不愿意依靠任何权势。对待权势的态度是宁愿我负于人，而不愿亏欠别人的人情。潮商自然也有人做行贿买路之事，但其大部分是为达某种具体目的而行临时苟且之事，很少有投靠官僚以为靠山者。正因为潮商本着依靠市场的宗旨，才能在任何社会制度下如鱼得水，立于不败之地。

第三，德以修身，懂得感恩。潮商多数信佛，敬佛倒不一定皈依佛教，只是信奉宇宙间科学的因果定律，恰与佛教的主张一致。所谓"善有善报，恶有恶报，不是不报，时候未到。时候一到，一切都报"。由于佛学的善，与道学的真、儒学的美是和谐统一的，因此善者必真，这成为潮商的道德底线，也是事业成功的根本。

懂得感恩，就善于结交真正的朋友。在潮汕，经常出现为报"一饭之恩"而寻遍全国的真人真事。化名"关微"的某潮商，多年来坚持助人为乐，捐款救助他人。2015年时"关微"的企业遇到难关，朋友们在网络上自动发起"加油关微"的爱心行动，并且举办义演书画拍卖，将筹得的32万元作为支持"关微"的创业资金。类似行为，在潮汕地区几乎每天都会发生。为响应祖国号召，救助脱贫乡亲，在境外的潮商也发起了反哺家乡的行动，仅2015年就捐助了30多亿元人民币的善款，帮助家乡建设。

第四，潮商懂得市场规则的实质是契约精神，从不妄图以道德去规范市场。潮商对待自身、家庭、家族、家乡施行大陆文化价值观及处事规则，而对外交往、贸易、签约、结盟等，则均以双方达成的契约为据，既不追问其道德原罪，也不纠结于事后的瓜葛。契约执行完毕，各走各路，一事一议。这一点是最为大陆文化所难以理解的，因为中国几千年的农业文明市场一直都是在熟人社会里的，可以以统一的道德标准去进行规范的。进入世界大市场后，不同民族、不同国家的道德标准各不相同，改革开放后转入市场经济轨道，再也无法以道德来规范市场。所以必须突破几千年的思维定式，树立起海洋文化契约精神体系。保障契约执行的，也不再是基于道德的"诚信"，而只能是"利信"，以利益的损失来惩罚那些不遵守契约的人。

第五，勇于探索，勤于创新，不怕失败。市场经济、商业社会都是建立在以商品为主体的基础上。商品是在人们分享过程中不断更新换代的。没有创新思维，就没有生命力。现如今提倡的"互联网+"思维，不过是"互联网家"的创新而已，虽然这几乎占据了中国人的思维空间，但倒也不是多么严重的坏事；中国人何时能将"互联网+"思维变为"传统+互联网"思维，那才是中国人在传统观念上与时俱进的普遍觉醒。人类文明的发展是适合那些在寻找生存条件时不畏艰险困苦而努力的人的，潮商就属于这类优秀的人，亦属于由海洋文化思维方式锻炼出来的精英阶层。

"丝绸之路"是前人寻找到的一条商业发展之路，为什么直到2000年后才又提出一个"一带一路"的新倡议呢？无疑就是因为发达国家的海洋战略咄咄逼人，才让我们义无反顾地进行海洋文化反省和觉醒。

潮汕拥有大陆传统文化特质，临海而生；潮商得利于海，成就于海洋文化，其必将成为中国海洋文化战略发展的主力军，并责无旁贷。

以上这些潮商的基本经验，是对几代潮商实践的总结，感怀这也是可以作为对中国经济转型期研究中国经济持续纵深发展的理论贡献⋯⋯

附录

为天下潮商立学说

——对话砚峰书院山长李闻海

◎ 邢映纯

为什么有潮水的地方就有潮人且潮人大都善经商？为什么数百年来世界各地的潮商会馆长盛不衰且日益彰显其影响力？"潮商"这一群体有哪些共同的文化基因？缘何潮人自己会认为潮商"在家一条虫，出门一条龙"……作为一名生长在潮州的媒体记者，我时常会遭遇到这样的问题，提问者大都问问而已，来不及深究，我的思索也大都在闪念之间。因为大家都明白，这样的问题，近乎"天问"。

然而如今，却有一个人，想聚集学界与商界的力量来解答这些问题。

他，就是砚峰山人李闻海先生，一位同时拥有正大集团副总裁、卜蜂莲花执行董事长与砚峰书院山长两重身份的人；一位一边忙着到北大、中大等国内高等学府讲学，一边带领他的团队，成功让卜蜂莲花几年来首次实现扭亏为盈的潮商。

8月底，雨后的书院，空气中氤氲着草木的清香，李闻海一边闲适地泡着工夫茶，一边微笑着说。尽管刚刚从加拿大温哥华飞抵潮州，李闻海却丝毫不显疲态，一项新的挑战正在激荡着他。

"潮商文化在世界是独一无二的，但目前关于这方面的专题研究并不多。身为潮人，我深感自己有责任来做这件事。"李闻海说。

探寻潮商文化基因价值追求

记者：细想起来，这两年，您一直有意识地在做潮商文化方面的整理、传承。记得从去年，砚峰书院就新增了一块石碑，碑上刻着"潮商故里"几个大字？

李：潮商在世界各地有一定的知名度，第一位拿到深圳001号外资批文的正大集团董事长谢国民先生是潮人，腾讯创始人马化腾先生也是我们潮人。潮州人为何善经商，这些人身上有哪些共同的文化基因？他们对其所在地、所在国会产生哪些文化碰撞和经济社会影响？这些都是很值得研究的问题。我希望能通过这种研究，增强潮商之间的文化认同，形成共同的价值追求。举例说，你是潮商，那你也应对这个群体的形象负责，在经商处世方面会有一种内在的标准、尺度。

这两年，砚峰书院在传承传统文化方面做了一些工作，比如举办修学游、工夫茶约、以"感恩"为主题的文化讲座等。但这些大都是只鳞片爪式的。走过了十多年的风风雨雨，砚峰书院也该沉淀下来，认清今后发展之路。我想，与其全面开花，不如集中力量做好一件事。目前国内关于潮商方面的研究很少，将其上升为社会学层面的研究更是空白。我想书院有责任也有能力来做这件事。

这个想法这几年一直盘旋于脑海中。今年8月中旬，我到温哥华参加世界潮人联谊年会，进一步明确了这一想法……会上，不管是加拿大潮人还是泰国等地的潮人，说着各种各样的语言，最后都不忘用潮州话大声说："我是潮州人！"那种对家乡的根的认同，令人落泪。我觉得作为一名潮人，作为世界潮商的一分子，我有责任来做这件事。

随着与学界、商界的探讨，我们的思路也渐渐明晰——潮商学的宗旨，是回顾历史、关注当下、放眼未来。包括对各种翔实的原始资料的收集、汇总，对具有代表性的潮商进行采访、研究，从历史学、经济学、人类学、管理学、心理学、人文地理学等多学科角度进行全方位立体分析、研究，还原潮商帮在过去、现在的形象本质和应有地位，寻找潮商帮长盛不衰的演变与发展规律，预见潮商帮的未来趋势。

我们的目的是让这一个优秀的商帮，以理论的高度出现在世界的视野中，让后来的潮商能沿着它充满生命力的气脉，走向更大的成功！让潮商拥有共同的精神家园！也让所有的人，通过研究成果而获得启示。

启动潮商学研究有三大有利条件

记者：都说隔行如隔山，术业有专攻。纯学术界的人估计很难深入了解商界的各种门道；而商界的人，大概也没有太多精力专门从事学术研究。亦文亦商的双重身份，倒是让您成为启动潮商学研究的最合适人选。

李：一方面，因为机缘巧合，我跟谢国民先生等潮商翘楚有较多的接触，也从他们身上领悟到许多东西。另一方面，这几年，因应邀到北京大学、中山大学、暨南大学、汕头大学和香港及泰国等地的知名学府讲学，也与不少专家学者成了好朋友。此外，中国第一历史档案馆也答应届时将为我们提供最原始的第一手档案资料（复印件）。这三方面的原因，是我们可以开展潮商学研究的有利条件。

麻国庆、储小平等对课题深感兴趣

记者：您似乎已经开始着手准备这方面的筹备工作？

李：是。首先是得到专家学者的支持。我曾就这问题与中山大学、汕头大学、韩山师院等学府的专家教授们进行过交流，他们都认为这样的研究很有价值，目前国内这方面的研究也是空白。费孝通先生的弟子麻国庆教授对这课题也很感兴趣，他还建议我们从社会学层面进行研究，以潮商帮及其所构筑的跨国网络为对象和切入点，研究探讨潮商的空间分布、潮商社会组织间的互动等，并在此基础上探讨潮商经济行为背后所蕴含的社会和文化内涵。中山大学的储小平教授则认为我们还可以增设"潮商企业家列传"，即对典型的潮商企业案例进行研究。我想，这样的研究不仅有助于目前乃至今后潮商的壮大发展，对我们正在实施的"一带一路"倡议也有积极的意义。

接下来，我们还会考虑这一项目研究有关资金的筹集工作等，砚峰书院也将陆续出版潮商方面书籍。

记者：我想这方面的研究不仅有其深厚的学术价值，也有很大的社会价值。记得多年前砚峰山人曾举办一次南北对话，请了杨锦麟先生来主持，当时大家都很关注一个问题，为什么会有这样一种说法，潮人包括潮商"在家一条虫，出门一条龙"？这么多年过去了，这问题似乎还没得到很好的解答。

李：（笑）这是个很有趣的话题。这问题我也考虑了很多年，经过与不少国内外潮人正式的与非正式的闲聊，我逐渐找到答案——你看，我们潮汕地区是1300多万的人口，正好占中国总人口的百分之一；但潮汕的面积只有10346平方公里，约占中国总面积的千分之一。千分之一的土地如何养活百分之一的人口？生存环境决定我们必须向外拓展，所以，到外边的人，有更广阔的空间，可以生长成"参天大树"；但在这里的人，就应当精雕细琢，如同"盆景"一般，你搞粗放型生产是不行的，只能努力经营得精致一点。须知好的盆景，也能卖出比参天大树更好的价钱。我们把环境搞得好一点，把生态保护得更好，我们的竞争力就比其他地方强。所以我将其称为是本土潮商的"盆景理论"。

当然，这只是我这几年思考后得出的结论。随着潮商学研究的启动，我相信这方面或许会有更完美的答案，并且这个寻找出来的答案，可以进一步指导潮商的经营理念、价值追求，进而影响到我们的潮商这一群体的发展壮大。这也正是我们开展潮商学研究的一个追求。

期待属于潮人自己的论著

记者：但这确实是一项浩大的工程。这么多年，大家对这样重要的领域鲜有问津，大概也是知难而退吧?

李：是。但再难的事，总该有人迈出第一步。我想用我余生的力量，借助砚峰书院这样的平台，联结海内外潮人以及国内知名专家学者的力量来做这方面的研究。能做多少，我们就做多少。而且，除了纯学术的系统性研究外，我们还可以用讲故事的形式，把潮商的一些经典案例记录下来，以备后人学习借鉴。目前我已开始着手从事这方面的资料收集。我很期待，有一天，我们也能有一本讲述潮人经商和处世之道的论著。

（访谈时间为2015年8月）